一本书轻松读懂财报

世界一楽しい決算書の読み方

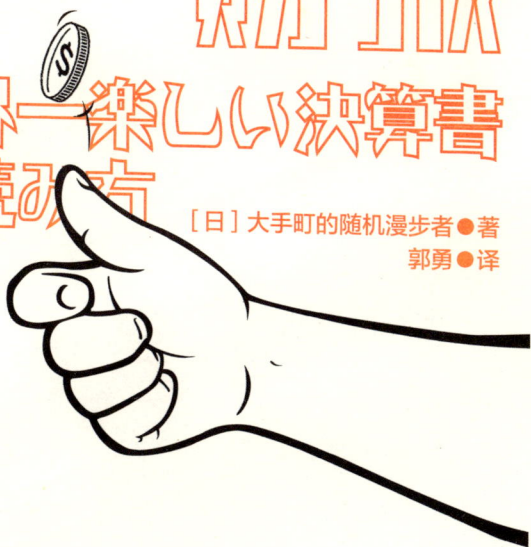

[日] 大手町的随机漫步者 ● 著

郭勇 ● 译

湖南科学技术出版社 　博集天卷 CS-BOOKY

财务报表的魅力在于"实际利润"和"揭开谜底的趣味性"

"利润表"中的数字并不能等同于"企业的实力"

大家好！我叫"大手町的随机漫步者"。

我喜欢在 Twitter[①] 上发帖子，主要内容是科普财务报表的相关知识。我的口头禅是"**创造一个让所有人都能读懂财务报表的世界**"。我还定期在 Twitter 上举办以"会计谜题竞猜"为主题的互动型活动。

承蒙网友的厚爱，如今，每周大约有 3 万粉丝参加我的活动。

现在，捧着这本书在读的朋友，您平时会接触"会计""财务报表"这些领域吗？还是与此完全不沾边呢？但不管怎样，既然您在读这本书，就说明您对财务报表多少有些兴趣，我说得没错吧？

上市公司的财务报表一般都是公开的，所以不管什么人都可以免费读到。只不过财务报表中全是专业术语和数字，如果没有点专业会计知识的话，是很难读懂的。

大学生老弟： 那么，原本都是哪些人在读财务报表呢？

确实，一开始我也感觉不可思议，这么一张极其专业的表

---

① 国外网络社交平台之一。

格，谁会读呢？经过我的观察和研究，以下这些人需要读。当然，我举的这些例子并不全面，只是财务报表的一部分读者而已。

·投资者

通过分析企业的财务报表，专业投资者可以判断该企业的状况，预测它未来的走势，从而做出正确的投资决策。

·银行工作人员

当企业向银行融资（贷款）的时候，银行放贷人员要判断能不能贷款给这个企业。这时，企业的财务报表就是一个重要的判断依据。

·企业的经营决策负责人、大企业总部部长级别的管理者

企业中管理现金进出的财务人员、经营决策负责人（制订

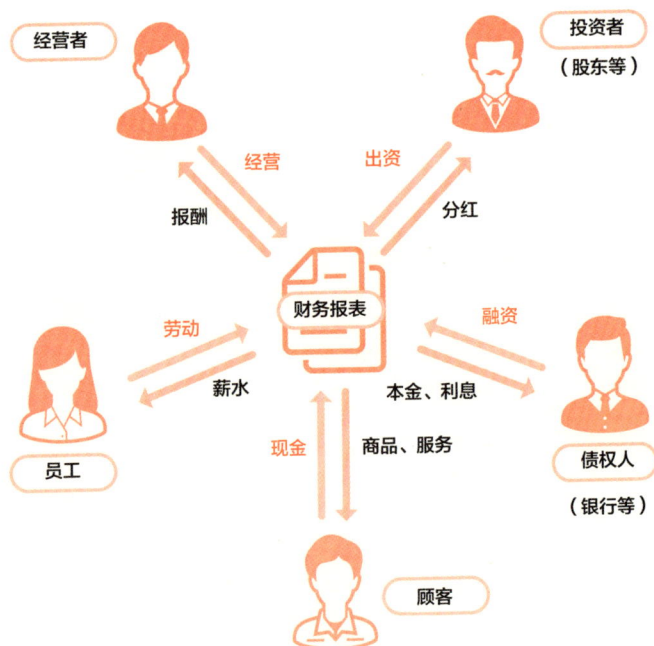

事业计划、在企业并购中核算并购价格等）都需要具备读懂财务报表的能力。另外，在大企业中，总部部长级别的管理者肩负制订未来事业提案的职责，财务报表也是他们判断经营策略的重要依据。再有，像科长等中层管理者，也需要具备一定的解读财务报表的能力。比如，上司说："你把咱们公司的利润表分析一下。"如果科长不懂点会计知识的话，恐怕就麻烦了。

·求职大学生

有头脑的求职者，会根据意向企业的财务报表判断该企业未来的走势，如果据此判断一家企业的未来可能走下坡路，那求职者肯定会敬而远之。只有前景广阔的企业，才是求职的理想目标。另外，求职者可以在企业的财务报表中获得很多信息，在面试的过程中能让自己处于更有利的位置。

除了以上各种人士，还有一些人和企业的经营活动有着直接或间接的利害关系。这种人被称为利益相关者（Information Retrieval），企业的财务报表也是为这些人公布的。

为什么财务报表看起来很难懂？

但是，对不了解财务报表本质的人来说，看到企业的财务报表，大多会产生一种挫败感。我经常听到有人抱怨："解读财务报表的入门书籍我买了好几本，可还是看不懂财务报表""这些报表我反复看了很多遍，可还是毫无头绪"。

这是为什么呢？最大的原因是这些读者虽然读了财务报表，但无法将它们转化为自己的理解将其消化吸收。大多数会计入门书籍都声称"更简单、更易懂"，但实际上它们只是空讲抽象的财务报表原理和数字，没有实际案例的参考，读者还是不容易理解。

只看财务报表的虚拟样本，分析其中枯燥的数字，就像硬要我们记住一个陌生人的名字，而又不给我们看他的照片一样。在不知道一个人长什么样的前提下，记忆他的名字，是一件比较困难的事情。这样学习财务报表，即使掌握了会计理论，也难以真正看透数字背后的真相。

另外，通过财务报表的虚拟样本进行学习，当然无法让我们分析出企业在背后采取的经营策略。

也就是说，要想以最快的速度掌握解读财务报表的能力，最好的方法是从现实企业的财务报表入手进行学习（这里我所说的"解读"，不是指会计层面的分析，而是指从商业的角度分析企业的经营策略，并在此分析的基础上预测该企业下一步具体行动的能力）。当然，像利润率、负债比这些会计角度的分析也很有用，但是能够计算出这些数值，只是停留在"把握"这一低级层面上。而在我看来，解读财务报表的目的是分析企业，并在此分析的基础上预测企业的具体行动。

在学习解读财务报表的过程中，**如果选取的是自己了解或感兴趣的企业的财务报表，那学习起来是不是更高效、更有趣？**

再者，**如果您在毫无背景知识的前提下，单枪匹马一个人向财务报表发起挑战的话，多半会被谜一般的数字所击败，您需要共同作战的战友。**

为此，在这本书里，我将作为您的战友与您并肩作战。另外，在第一章之后，还会出现一些个性鲜明的角色和我们一同前行，咱们将从多个视角对实际企业的财务报表进行分析研究，自然掌握解读财务报表的能力。

下面，我就举个例子，带您领略一下本书的基本学习方式。

咖啡馆"DOUTOR"和"RENOIR"的咖啡价格差距那么大，你怎么看？

会计和英语、IT 并称"商务三神器"。其中，会计的知识对我们的日常生活也有很大的帮助，而且，无论从事哪种商务工作都离不开它，所以会计知识尤为重要。再者，掌握了会计知识的话，还可以解读企业的财务报表，这种能力对我们的工作、生活简直太有用了。

我个人认为，解读财务报表最大的魅力有两点：**第一是掌握解读财务报表的本领，这本身就是一个"实际利润"；第二是看穿企业财务数字背后隐藏的经营策略，这个过程充满了趣味性，即"揭开谜底的趣味性"**。

银行职员小明： 用会计知识来解谜？到底是怎么一回事？

大家先来思考一个问题。

不管男女老少，基本上所有人都去过咖啡馆吧。那您应该发觉了，不同的咖啡馆，虽然卖的都是差不多的咖啡，可价格却有高有低，这是为什么呢？

可能很多朋友知道其中的缘故，价格的差异，是不同企业的销售策略不同所造成的。

在企业经营的过程中，必须坚持一个理念，那就是"持续不断地创造利润"。为了持续不断地创造利润，企业就需要对销售策略进行细致入微的策划。而且，企业在制订销售策略的时候，一定要分析其他同类公司以前、现在的销售策略及效果，然后制定出更加有效的销售策略，才能在激烈的市场竞争中生存下去。

但是，哪家企业也不会对社会大众公开发表自己的销售策略。如果您想分析一家企业的销售策略，就只能凭借自己的力量收集信息，然后进行分析、解读。

现在，我以"不同咖啡馆的咖啡价格不同"为主题，尝试着分析一下日本两家知名咖啡店连锁企业"DOUTOR"和"RENOIR"的销售策略。

本次登场的企业

● DOUTOR

DOUTOR 是日本著名的自助式咖啡店连锁企业。至 2019 年 12 月，DOUTOR 在日本国内有特许加盟店 918 家、直营店 188 家。日本国内同行业开店数第一。

● 银座 RENOIR

银座 RENOIR 的主要经营项目是咖啡连锁店"咖啡馆 RENOIR"。以东京和神奈川为中心向周围辐射，店内装潢以"大正时代的浪漫"为风格，为顾客提供悠闲的咖啡时光，同时可满足商务、商谈的需求。

DOUTOR 的咖啡价格在 220～320 日元一杯，RENOIR 的咖啡价格在 530～650 日元一杯（2019 年 12 月价格）。后者的价格约是前者的 2.6 倍，这个价格差异是如何形成的呢？

● PRICE：一杯咖啡的价格

DOUTOR

一杯咖啡 220～320 日元

RENOIR

一杯咖啡 530～650 日元

财务报表是分析的依据

要分析一家企业的经营策略，我们需要考虑的因素很多，如"商品的原材料""店铺的位置"等，但实际上，在思考"是什么因素造成了如此大的价格差异"的时候，光凭头脑中的空想是无法做出准确判断的。

要想揭开两家咖啡馆价格差异背后的秘密，就需要对翔实可靠的数据进行定量、定性的分析。

听我说到这儿，估计您也想到了，记录着企业各种数据的东西，那就是"财务报表"了。

财务报表，记载了"企业当前持有的资产和负债""一年之中的营业收入、成本"等相关信息（具体内容后面详述）。如果能解读财务报表中的信息，那前面关于"价格差异"的疑问，就能找到答案。

作为参考，我们先来看看 DOUTOR 和 RENOIR 的财务报表。

不过，现在我不是让您细读下列报表中的所有详细信息，您只需浏览一下，看看财务报表都有哪些项目就足够了。

DOUTOR 资产负债表（资产）	前一会计年度 2018年2月28日	本会计年度 2019年2月28日
资产部分		
流动资产		
现金及存款	30,524	32,780
应收票据及应收账款	7,680	6,818
商品及制品	1,795	1,743
采购品	92	105
原材料及储藏品	2,251	1,553
递延税金资产	944	904
其他	5,716	5,515
坏账准备金	△ 26	△ 13
流动资产合计	48,979	49,407
固定资产		
有形固定资产		
建筑物及构造物	46,506	48,626
累计折旧额	△ 23,717	△ 25,095
建筑物及构造物（净额）	22,789	23,531
机械装置及搬运工具	5,964	6,088
累计折旧额	△ 4,827	△ 4,964
机械装置及搬运工具（净额）	1,137	1,124
土地	17,883	18,186
租赁资产	6,250	5,971
累计折旧额	△ 2,279	△ 2,639
租赁资产（净额）	3,970	3,332
其他	7,532	7,582
累计折旧额	△ 6,002	△ 6,278
其他（净额）	1,529	1,303
有形固定资产合计	47,312	47,477
无形固定资产	1,282	958
投资及其他资产		
投资有价证券	707	681
递延税金资产	1,494	1,464
押金及保证金	20,363	20,247
其他	1,863	4,894
投资及其他资产合计	24,429	27,286
固定资产合计	73,024	75,723
资产合计	122,003	125,131

RENOIR 资产负债表（资产）	前一会计年度 2018年3月31日	本会计年度 2019年3月31日
资产部分		
流动资产		
现金及存款	2,172	2,045
应收账款	21	96
商品	33	23
其他	296	184
流动资产合计	2,523	2,349
固定资产		
有形固定资产		
建筑物	3,964	3,624
累计折旧额	△ 2,566	△ 2,616
建筑物（净额）	1,127	1,007
工具、器具及备用品	354	353
累计折旧额	△ 301	△ 302
工具、器具及备用品（净额）	53	51
土地	518	518
租赁资产	235	9
累计折旧额	△ 191	△ 8
租赁资产（净额）	44	1
其他	2	2
累计折旧净额	△ 2	△ 2
其他（净额）	0	0
有形固定资产合计	1,743	1,577
无形固定资产		
软件	12	8
无形固定资产合计	12	8
投资及其他资产		
投资有价证券	160	358
长期贷款	73	69
押金及保证金	1,888	1,860
长期存款	100	100
递延税金资产	232	262
其他	130	156
投资及其他资产合计	2,583	2,804
固定资产合计	4,338	4,390
资产合计	6,861	6,739

（※ 基于各公司 2019 年 2 月及 3 月的《有价证券报告书》制作而成。RENOIR 公司的《有价证券报告书》以"千日元"为单位，作者在此将其换算为"百万日元"单位。）

DOUTOR 资产负债表（负债、所有者权益）	前一会计年度 2018 年 2 月 28 日	本会计年度 2019 年 2 月 28 日
单位：百万日元		
负债部分		
流动负债		
应付票据及应付账款	6,756	5,802
短期借款	570	470
应付法人税等	2,328	2,092
奖金准备金	1,296	1,170
董事奖金准备金	83	85
股东优惠准备金	90	100
其他	7,044	7,025
流动负债合计	18,169	16,745
固定负债		
长期租赁债务	1,024	684
支付退职金相关负债	2,001	1,939
除去资产的负债	1,528	1,879
其他	2,321	2,378
固定负债合计	6,875	6,881
负债合计	25,045	23,626
所有者权益部分		
股本		
实收资本	1,000	1,000
盈余公积	25,858	25,858
未分配利润	81,712	86,214
自公司股票	△ 11,854	△ 11,854
股本合计	96,716	101,218
其他综合利润累计额		
其他有价证券评价差额金	116	61
递延对冲损益	△ 27	—
外汇换算调整收支	114	78
支付退职金相关调整累计额	△ 82	△ 6
其他综合利润累计额合计	121	133
非控股股东持有份额	119	152
所有者权益合计	96,958	101,504
负债所有者权益合计	122,003	125,131

RENOIR 资产负债表（负债、所有者权益）	前一会计年度 2018 年 3 月 31 日	本会计年度 2019 年 3 月 31 日
单位：百万日元		
负债部分		
流动负债		
应付账款	104	94
短期借款	80	80
短期租赁债务	46	1
应付法人税等	163	111
奖金准备金	85	88
股东优惠准备金	18	19
其他	391	332
流动负债合计	886	725
固定负债		
长期租赁债务	1	—
董事退职慰劳准备金	80	74
支付退职金相关负债	143	152
其他	35	35
固定负债合计	259	260
负债合计	1,145	986
所有者权益部分		
股本		
实收资本	772	772
盈余公积	1,062	1,063
未分配利润	3,937	3,937
自公司股票	△ 119	△ 114
股本合计	5,651	5,694
其他综合利润累计额		
其他有价证券评价差额金	22	15
其他综合利润累计额合计	22	15
新股预约权	4	4
非控股股东持有份额	38	41
所有者权益合计	5,716	5,753
负债所有者权益合计	6,861	6,739

DOUTOR 利润表	前一会计年度 2018 年 2 月 28 日	本会计年度 2019 年 2 月 28 日
营业收入	131,182	129,216
营业成本	53,972	50,849
营业毛利润	77,209	78,366
销售费用及一般管理费用		
工资及补贴	23,881	24,614
奖金准备金转结额	1,143	1,007
股东奖金准备金转结额	83	85
支付退职费用	400	350
租赁费	15,055	15,443
水电气费	3,084	3,244
其他	23,223	23,477
销售费用及一般管理费用合计	66,872	68,233
营业利润	10,336	10,143
营业外收入		
收取利息	31	27
收取股息红利	19	14
外汇收益	—	22
房地产租金	66	68
其他	86	102
营业外收入合计	204	234
营业外成本		
支付利息	11	12
外汇损失	13	—
房地产租赁费用	39	43
权益法造成的投资损失	77	42
支付手续费	19	—
其他	7	6
营业外成本合计	170	106
经常性净利润	10,369	10,271
特别利润		
关店保证金收入	175	4
投资有价证券卖出收益	118	—
固定资产卖出收益	21	6
特别利润合计	315	11
特别损失		
固定资产处置损失	21	29
减损损失	559	874
其他	33	2

RENOIR 利润表	前一会计年度 2018 年 3 月 31 日	本会计年度 2019 年 3 月 31 日
营业收入	7,754	7,968
营业成本	962	941
营业毛利润	6,792	7,027
销售费用及一般管理费用		
工资及补贴	2,423	2,445
租赁费	1,930	2,004
其他	2,111	2,112
销售费用及一般管理费用合计	6,464	6,561
营业利润	328	465
营业外收入		
收取利息	2	2
收取股息红利	2	3
收取租金	29	29
收取保险费	3	6
其他	13	11
营业外收入合计	49	51
营业外成本		
支付利息	1	1
处置费用	1	0
房地产租赁费用	4	4
其他	6	5
营业外成本合计	12	10
经常性净利润	365	506
特别利润		
收取补偿金	204	—
收取保险金	44	—
特别利润合计	248	—
特别损失		
固定资产报废损失	8	8
董事退职慰劳金	37	—
减损损失	246	221
特别损失合计	290	229
税金等调整前当期净利润	323	277
法人税、居民税以及事业税	199	176
法人税等调整额	△ 46	△ 29
法人税等合计	152	148
当期净利润	171	129
非控股股东所属当期净利润或非控股股东所属当期净损失（△）	8	7

DOUTOR 利润表	前一会计年度 2018 年 2 月 28 日	本会计年度 2019 年 2 月 28 日
特别损失合计	614	907
税金等调整前当期净利润	10,070	9,375
法人税、居民税以及事业税	3,362	3,369
法人税等调整额	7	52
法人税等合计	3,369	3,422
当期净利润	6,700	5,953
非控股股东所属当期净利润或非控股股东所属当期净损失（△）	27	37
母公司股东所属当期净利润	6,673	5,915

单位：百万日元

RENOIR 利润表	前一会计年度 2018 年 3 月 31 日	本会计年度 2019 年 3 月 31 日
母公司股东所属当期净利润	163	122

单位：百万日元

DOUTOR 和 RENOIR 价格差异巨大的原因到底是什么?

回到前面的问题,为什么两家咖啡馆的价格差距那么大呢?

原来,DOUTOR 和 RENOIR 的点单方式和店内设计就存在很大的差异。

DOUTOR,顾客进门之后,首先遇到的是吧台,先在吧台点单、付款,拿到咖啡后再去店里找座位,或者拿着咖啡离开。

而 RENOIR 就不一样了,顾客进店后先找座位坐下,这时会有服务员过来帮您点单,咖啡在后台做好之后,服务员会把咖啡和小票给顾客端到桌子上来。最后,顾客离开时,拿着小票到吧台买单就可以了。

● **PLACE: 如何取到咖啡**

DOUTOR	银座 RENOIR
入口处有吧台 顾客进店**先**点单	每张桌子有菜单 服务员过来点单
也可以满足顾客自取外食的需求 **翻台率高**	几乎没有顾客自取外食 **翻台率低**

另外,DOUTOR 采用没靠背的凳子、桌子的面积也比较狭小,目的是尽量缩短顾客在店内停留的时间。RENOIR 则采用比较高级的椅子,桌子的空间也很宽敞。

- **PRODUCT：卖的是什么？**

DOUTOR

银座 RENOIR

可见，同样是咖啡馆，二者却存在很多的不同之处。从上述情况我们可以看出"DOUTOR 的战略是尽量不让顾客在店内停留太长时间，让更多的顾客来购买咖啡"。这是一种"高翻台率"（让每张餐桌接待更多的客人）的销售策略。

另一方面，"RENOIR 的战略是以顾客在店内停留较长时间为前提的，为顾客提供舒适的空间和服务，但这笔服务费就包含在了咖啡的价格中"。

而且，两家公司的这种战略差异，清晰地反映在了财务报表中。RENOIR 在店内空间装潢和设备上花了不少钱，这方面的成本就比较高。不过，DOUTOR 和 RENOIR 都是连锁咖啡馆，像这种连锁咖啡企业，除了一些特殊的咖啡产品，主力咖啡产品的成本差别并不是很大。因此，单价较高的RENOIR，其一杯咖啡的成本率就相对较低。

换言之，如果 DOUTOR 和 RENOIR 咖啡成本相同的话，那么，单价高的一方，其一杯咖啡的成本率就相对较低。

请看下图两家企业的利润表（P/L），DOUTOR 的营业成本率为 39%，而 RENOIR 的营业成本率只有 12%。成本率的差异是由单价差异造成的，因此我们可以知道，不同企业通过不同的定价，提供不同的服务，以区别于其他同行的销售战略，寻求差异化的生存之道。

DOUTOR

银座 RENOIR

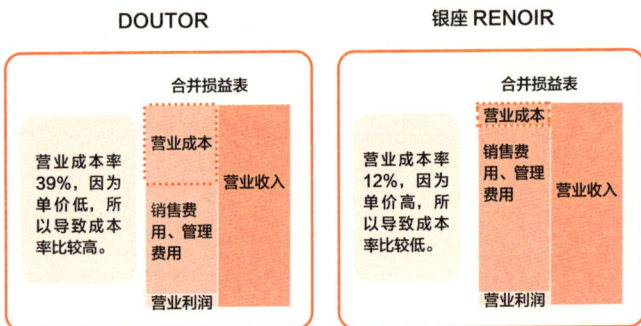

合并损益表

营业成本率 39%，因为单价低，所以导致成本率比较高。

营业成本

销售费用、管理费用

营业收入

营业利润

合并损益表

营业成本率 12%，因为单价高，所以导致成本率比较低。

营业成本

销售费用、管理费用

营业收入

营业利润

银行职员小明：财务报表的数字是分析的依据，因为有了这些数字，我们才能得出符合实际的结论。

顺便讲一句，DOUTOR 和 RENOIR 的价格差还存在其他原因，在本书的后半段我将详细解说，感兴趣的朋友可以继续读下去。

什么是"**营业成本率**"？

营业成本率（％）= 营业成本 ÷ 营业收入 × 100%
对于已经销售出去的商品，从头到尾花费的成本占营业收入的比率是多少？营业成本率显示的就是这样一个数字。基本上所有的行业都要用到营业成本率，它是一个非常重要的指标。

财务报表，真的不难懂！

在刚才我举的例子中，大家接触到了财务报表，并且已经能看懂其中的部分内容了。

在分析财务报表的过程中，主营业务收入和主营业务成本是很重要的两个项目，尤其是两者之间的关系，我们一定要弄清楚。

跟我一起分析真实企业的财务报表，相信您渐渐就能掌握理解财务报表的能力。

表面看起来，财务报表只是一堆冰冷数字和专业术语的组合，但如果将它们和我们熟悉的公司结合起来，一下子就会拉近财务报表和我们的距离，让它们不再那么冰冷。

另外，通过财务报表，我们不仅能看到一家公司的经营全貌，还能判断它的强弱，并分析出它所采取的经营战略等各种表面上看不见的事情。

很多朋友因为工作的关系，需要分析自家公司的状况、竞争对手的状况、某些特定企业的状况等。而财务报表，就是分析公司状况的有力依据。

可在现实中，很多朋友不懂如何分析财务报表，工作上又需要分析公司的状况，因此他们感到非常苦恼，甚至想放弃现在的工作。而我这本书，就是为帮您消除这个障碍而编写的。我将教您如何轻松愉快地解读财务报表。

我的目标就是让朋友们只要看一遍财务报表就能把握其中的关键点，同时还能领略到从商业的角度彻底解读财务报表的那种快感。

有朋友说："我学过会计知识，知道'利润率''流动比率'等指标的含义和计算方法，那我一定就能读懂财务报表啰？"很遗憾，只知道这些概念和计算方法，您还无法真正读懂财务报表，尤其是它们背后隐藏的内容。

解读财务报表，不仅仅需要把数字——厘清，还要能够根据这些数字以及它们之间的关系，分析出企业所采用的经营战略。为达到这一目的，我们还要利用"活的"财务报表，将报表中数据和企业经营战略结合起来分析。

通过学习这本书中介绍的"全世界最简单的财务报表解读法"，如果能让您对会计学产生一点点兴趣，或者能让您在解读财务报表时不像以前那么痛苦，我就会感到无比欣慰了。

接下来，就让我们和各位可爱的小伙伴一起，一边解答会计知识谜题，一边学习解读财务报表吧！

大手町的随机漫步者

登场人物介绍

来参加"大手町小熊哥"举办的"会计知识竞猜"学习会的一共有 4 个小伙伴。每个人都有鲜明、独特的性格，好玩极了。

大手町的随机漫步者（大手町小熊哥）

谜一般的小熊哥，经常在 Twitter 或 Instagram[①] 等网络社交媒体举办以真实企业财务报表为依托的"会计知识竞猜"活动。

小熊哥似乎非常喜欢用财务知识对企业经营情况进行分析，也乐于给大家出题，然后再进行讲解。

大学生老弟

即将面临求职和就业的大三学生。为了让自己在求职活动中更具优势，老弟正在努力考取会计二级资格证。另外，他也在努力学习读懂企业的 IR（投资者关系）信息和财务报表。

虽然老弟对经营管理不是太懂，但因为年轻，再加上直觉敏锐，他对市面上最新的服务形式能够很快了解透彻。

① Facebook 公司旗下社交应用。

销售小姐姐

　　小姐姐在某公司从事销售工作，工作能力挺强。她大学毕业就进入这家公司工作，几年来一直活跃在销售第一线。对自家产品以及整个行业的了解比较深入，但与此同时，在"经营管理"和"财务知识"方面，她也明显感到自己的能力捉襟见肘。

　　如今，小姐姐很有希望走上管理岗位，因此她也希望多多学习管理和财务方面的知识，为日后的工作调整做好准备。

职业投资人大壮

　　因为"会计知识竞猜"活动在社会上引起了不小的反响，大壮听到消息也来凑热闹，他想加入我们学习会学习相关财务知识。其实他是一个以炒股票为生的职业投资人。

　　大壮对企业的经营管理理解最深，经常给我们提出一些富有建设性的意见，也特别善于帮我们总结要点，是一个非常值得信赖的存在。

银行职员小明

　　小明大学毕业就进入银行工作，一直干到现在。他是参加学习的四个人中最擅长解读企业"数字"的一位。他想进一步把数字和经营结合起来理解，因此加入了我们学习会。

　　性格非常认真，甚至有点一根筋。

目录
CONTENTS

Chapter 2　什么是利润表（P/L）

Chapter 3　什么是现金流量表（C/S）

Chapter 4　挑战资产负债表和利润表的组合问题

特别收录　会计竞猜

本书中所引用的信息，除了有特殊注明的，请参照作者执笔时间（2019 年 12 月）各公司的财务报表。

序章

财务报表的整体形象

财务报表为了什么而存在

财务报表为什么要公开？

在通过会计知识竞猜了解三种财务报表的内容之前，我会用接下来的几页篇幅给大家介绍一下财务报表的整体形象和相关基础知识。

前面我介绍了都是什么样的人会看财务报表。在企业进行经营活动的过程中，会涉及很多的利益关系者（股东），财务报表需要向他们公开。

关于这一部分，我想再详细讲一讲。

对上市公司来说，每年要公布一次财务报表，以及对事业内容加以说明的《有价证券报告书》。另外，《有价证券报告书》每三个月还要公布一次"季度报告"。

非上市公司并没有公开财务报表的义务，但在企业需要调拨资金等特殊时机，投资者也有可能要求企业公开财务报表。

什么是上市公司与非上市公司？	通俗地讲，上市公司，是指将自家公司的股票在证券交易所公开发行的公司，任何人都可以购买该公司的股票。 非上市公司是指股票没有公开发行的公司，一般来说，非上市公司的股票不可以自由买卖。

那么，**为什么上市公司必须公开财务报表呢**？

从财务报表中可以清晰地看到企业的主营业务收入和利润等数据。因此，站在企业的角度来说，公开财务报表就有"泄露经营战略"的风险（实际上，本书就是教大家根据财务报表中的数据分析、解读企业的经营战略）。

但是，**如果企业不公开财务报表的话，很多股东的利益就有受到损害的风险。**

举例来说，假设您是一名银行职员，一天一位陌生的法人客户来到银行，说："我要贷款。"对于这样一位您第一次接触的客户，关于他的信用记录，您没有任何了解，您敢把银行的钱贷给他吗？

职业投资人大壮：对于第一次见面、根本不熟悉的人，不要把钱借给他。

银行职员小明：如果把钱贷给他，日后他还不起的话就麻烦了。所以在放贷之前，我们都会认真分析客户从事的是什么行业、他们企业是否具备足够的偿还能力等，然后再进行综合判断。

没错，不能随便借钱给别人。那么，银行要判断企业是否具备偿还能力，会要求企业提供哪些资料呢？

朋友之间借钱还要写张欠条呢，银行给企业融资，更是不能全凭口头协议。银行肯定会要求企业出具能够具体描述企业所从事经营内容的详细资料，以及能够反映企业主营业务收入和明细的数据资料。

在银行要求企业提供的资料中，财务报表是重中之重。

根据财务报表中的数据，金融机构可以看清企业的经营状况。例如，资产有多少、存款有多少、现金有多少等。而对金融机构、企业股东、投资者、客户来说，这些数据是进行正常、合理、健全的交易所必不可少的情报。

在刚才那个例子中，作为银行一方，在放贷之前肯定会审查贷款企业有没有偿还能力，他们会从这个视角出发，仔细审查贷款企业的财务报表。

另外，两家企业在进行重大交易之前，也会考察对方企业的实力，因为会担心对方有没有交付产品（或支付货款）的能力，甚至担心对方有没有在交易过程中破产倒闭的风险。这个时候，财务报表是审查的重要依据。考察对方企业实力的过程叫作"授信管理"，是企业经营管理中非常重要的一环。

另外，财务报表也是企业管理层把握自家企业经营状况的重要武器。通过分析自家公司的财务报表，可以制定、修改更加完善的经营战略。

由此可见，**财务报表不仅对企业的利益关系者很重要，而且对经营管理层也很重要。**

财务报表的可靠性由"审计制度"来担保

大学生老弟： 可是，**财务报表中的数字，是企业自己记录的，那他们会不会造假呢**？

确实有这种可能性，财务报表是企业自己制作的文件，其中的数字当然有可能根据自己的需要弄虚作假。很多朋友都有这样的顾虑。

现实中，也不时会曝出大企业财务造假的新闻。比如，

2015 年东芝公司的财务造假就被发现了，被曝光之后成了巨大的丑闻。相信不少朋友和我一样，对当时铺天盖地的报道依然记忆犹新。

为了防止企业在财务方面造假，政府制定了审计制度。要由注册会计师等审计专家，站在第三者的立场上对企业的财务报表进行审计，以保证其中数据的准确性。

举例来说，如果一家企业的财务报表中记录的现金余额为 1 亿日元，那么注册会计师就会去企业现场清点现金，看是否真有 1 亿日元；如果企业的现金是以银行存款的形式保存，那么注册会计师就得去相应的银行查询该企业的账户余额。就是这样，注册会计师通过专业而辛苦的工作，来审查企业财务报表的准确性和合理性。

日本的《公司法》规定，上市公司必须接受第三方的审计。即使是非上市公司，如果是公益性比较强的企业，或者像证券公司这种信用信息非常重要的公司，也必须接受第三方审计。

由此可知，很多企业都需要接受审计，他们公布的财务报表都是经过第三方审计之后的。所以，大多数情况下我们都可以信赖企业公布的财务报表。

财务报表的内容是什么样的？

前面我讲了"都有哪些人会看企业的财务报表"以及"财务报表为什么存在、为什么公开"。但是，财务报表到底是什么样的文件呢？它有些什么内容呢？下面就请听我细细道来。

一般来说，财务报表包括：**资产负债表（B/S）、利润表（P/L）、现金流量表（C/S）、所有者权益变动表（S/S）**四种报表。

其中资产负债表（B/S）、利润表（P/L）、现金流量表（C/S）中的信息最为重要，因此这三个报表也被统称为"财务三表"。本书中介绍的财务报表，主要是指这三个报表。

通过这些财务报表，我们可以了解企业持有多少资产、从谁那儿借了多少资金、自有资金有多少（这些叫作"财务状况"），以及今年创造了多少收入、为了获得这些收入付出了多少成本，从而获得了多少利润（这些叫作"经营业绩"）。

一家企业只要正常经营的话，就会不断和其他企业进行交易，每一笔交易都需要记账。如果不记账的话，那么企业管理者就无法把握**企业当前还剩多少现金、累计花费了多少成本**等对经营来说不可或缺的重要信息。

因此，所有企业必定会对每一笔交易进行记账（分类记账）。记账是有一定规则的，什么项目、什么时间、增减多少等都得记得清清楚楚。

把所有这些分类记账集合到一起，就是财务报表。因此，从这个意义上说，财务报表就是每天分类记账的集合体。由此可知，财务报表是非常详尽的，也正因如此，我们才可以通过财务报表来把握企业的财务状况和经营业绩。

● 财务报表是每日各种交易记录的集合体

财务报表

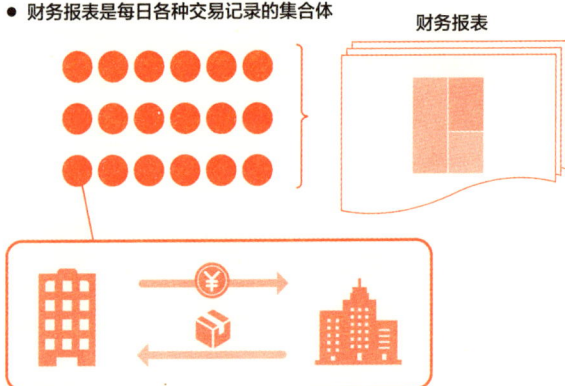

学会解读财务报表之后，我们就能看透数字背后的交易实情，便能判断"主营业务收入和利润，为什么会是这样的数字"。于是，我们就掌握了将数字和企业经营情况结合起来进行分析的能力，从而将企业的里里外外看得更加通透。

销售小姐姐： 我想问一个问题，人们读企业财务报表的目的是什么呢？

前面，我按照"都有哪些人会看企业的财务报表"→"财务报表为什么存在、为什么公开"→"财务报表由哪些内容构成"的顺序给大家讲解了财务报表的相关知识。接下来，我们再来看看不同的人读财务报表，都有什么样的目的。

读财务报表的目的是什么？——（1）企业内部的目的

企业规模越大，每天进行的交易数量就越多，在纷繁复杂的交易中，企业经营者必须把握这些交易的结果。在此基础上，经营者才能制定下一步的战略和战术。

通过财务报表可以把握的信息——企业现在有多少现金、几个月后可以变成现金的应收账款有多少、负债有多少……这些都是经营者做下一步决策的重要依据。

读财务报表的目的是什么？——（2）银行或投资者的目的

银行期待的回报是贷款"利息"，投资者期待的回报是"股票分红"和"股票价格上涨"。银行贷款给企业、投资者购买企业的股票，目的都是在未来获得回报。

在日本的证券市场中，只要有资格开设证券账户的人，

都可以买卖股票进行投资。其中有不少投资者会根据财务报表来选择值得投资的企业。由此可见，从投资者的角度来看，财务报表是相当有用的投资依据。

读财务报表的目的是什么？——（3）企业间进行交易的目的

先举个例子，一家企业以先交货后收款的方式向客户企业提供产品，但是，如果交货之后，收到货款之前，客户企业破产倒闭了，那恐怕就很难再收回货款了。那么这笔应收账款就会沦为"呆账"，给企业造成很大的损失。

上述情况是企业经营中的巨大风险，任何企业都会极力回避这种风险。为了甄别那些有可能丧失偿还能力的客户企业，对方的财务报表就会派上很大的用场。因为从财务报表中，就可以分析出对方的经营状况和财务形势。如果判断对方存在丧失还款能力的潜在风险，那己方企业就可以选择不和他们做交易。

由此可见，根据企业的财务状况、经营业绩可以判断与其交易的安全性。这也是靠财务报表进行判断的。

总而言之，财务报表可以帮助各种各样的人实现各自的目的，所以说它非常重要。您掌握解读财务报表的能力，也能帮自己或他人做很多有用的事情。

到这里，相信您已经对"财务报表的轮廓"有一个大体的概念了，其中并没有什么不好理解的地方吧？

再接再厉，按照这个节奏，从下一章开始，我将为您介绍财务报表的具体内容。

Chapter 1

什么是资产负债表
（B/S）

什么是资产负债表

仅通过资产负债表就可以判断一家企业所属的行业

第 1 章我为大家讲解"资产负债表（B/S）"，第 2 章讲解"利润表（P/L）"，第 3 章讲解"现金流量表（C/S）"。

在第 1、第 2、第 3 各章的开头，我都会设置一个"财报 Q&A"，在这个部分为大家介绍各个财务报表的基本知识。从随后的"第 1 节"开始，便进入利用实际企业的财务报表进行会计知识竞猜的环节了。以后的章节就是这么个流程，望知悉。

一上来先给大家出一道题，看您会不会被突如其来的问题整蒙？

Q 问题：
下列资产负债表属于什么行业的企业？

这个资产负债表属于什么行业的企业？

流动资产	流动负债	选项
固定资产	固定负债	（1）零售业
		（2）IT 业
	所有者权益（净资产）	（3）铁路运输业

请您根据这个资产负债表,分析企业所属行业,并给出相应的理由,正确答案我将在本小节最后公布。不过,再往后读几页,您一定能自己得出正确答案。

首先,什么是资产负债表(B/S)?我们先来弄清这个问题。我相信自己用 10 分钟就能给您讲明白。

资产负债表(B/S)其实超级简单

从事会计相关工作的朋友,可能耳朵都被"资产负债表"这几个字磨出茧子了,但其他的朋友可能就不常听到这个词了,估计还有一些朋友压根就没听说过"资产负债表"这种东西。

对于资产负债表,我认为大家应该了解的最低限度的内容,至少包含以下四点:

(1)资产负债表可以反映企业的"资产状况"

资产负债表中要记录企业所拥有的资产(现金或建筑物等)的余额,通过资产负债表我们可以看出"这家企业到底拥有多少资产"。

另外,我们不能只看资产,还要看负债。一家企业不管它的资产看起来多么雄厚,但如果负债过高的话,也会大大冲减它的资产。

综上所述,**将"一家企业与资产相关的信息(财务状况)"都记录下来的报表,就是资产负债表。**

(2)资产负债表 = 平衡表(B/S)

资产负债表的用语是"Balance Sheet",直译就是"平衡表",缩写是"B/S"。可见,"平衡"这个概念在资产负债表中很重要。

（3）分成左右两组

在资产负债表中，各个项目分为左右两组，左侧是**资产**，右侧是**负债和所有者权益**（净资产）。

（※ 在会计术语中，称左侧为"借方"，右侧为"贷方"。译者注：顺便介绍一下，资产负债表，在日语中称为"贷借对照表"。）

（4）借方和贷方保持一致

在资产负债表中，**资产的合计额（左侧的合计额）必须和负债 + 所有者权益的合计额（右侧的合计额）相等**。

以上就是关于资产负债表的基本知识。

⭕ 什么是资产负债表？

资产负债表

资产	负债
	所有者权益
运用情况	筹措情况

前面我讲过，资产负债表左侧记录的是"资产"，右侧记录的是"负债"和"所有者权益"。本书中，资产用 橙色 、负债用 灰色 、所有

者权益用 **条纹** 表示。

但是，资产、负债、所有者权益中又具体记录了哪些内容呢？下面我们就一起看一看吧。

a. 实际记录哪些具体内容？

- 左侧（资产）——"资产"中记录的是企业拥有的现金、建筑物等财产的信息。
- 右侧（负债和所有者权益）——"负债"中记录的是企业的借款、债务等信息；"所有者权益"中记录的是经营者创建公司时注入的资金、公司赚取利润时获得的金钱等信息。

b. 实际是如何记录的？

- 假设经营者创立公司的时候注入了 100 万日元的资金。
- 只有 100 万日元的资金，让经营者对公司的未来感到力不从心，于是又从银行贷款 200 万日元。

发生上述两件事情的时候，公司的资产负债表的记录方式应该如下页图中所示。

- 资产中有"现金"300 万日元（经营者注入资金、银行贷款）。
- 负债中"借款"为 200 万日元（银行贷款）。
- 所有者权益中"资本金"为 100 万日元（经营者注入资金）。

○ 资产负债表的实际例子（1）

看了这个资产负债表后，我们能了解到：

这家公司拥有现金资产 300 万日元，其中 200 万日元是从银行借的钱，另外 100 万日元是经营者自己的钱。也就是说，在这 300 万日元现金中，有 200 万日元在未来是必须还给银行的。不用偿还的现金，是经营者注入的那 100 万日元。

资产负债表

发生的事情

· 经营者注入资金 100 万日元，创立公司
· 从银行贷款 200 万日元

资产
300 万日元

负债
200 万日元

所有者权益
100 万日元

运用情况　筹措情况

　　但如果换一种情况，这家公司用 300 万日元现金购买了一栋建筑物，那资产负债表的记录方式也会发生改变，请看下面的图示。

○ 资产负债表的实际例子（2）

　　您发现没有，资产中的"现金"变成了"建筑物"。

资产负债表

发生的事情

· 经营者注入资金 100 万日元，创立公司
· 从银行贷款 200 万日元
· 用现金 300 万日元，购置一栋建筑物　New！

资产
300 万日元

负债
200 万日元

所有者权益
100 万日元

运用情况　筹措情况

这时，通过这张资产负债表，我们能了解到：

这家公司用 200 万日元的银行贷款，加上经营者自己注入的 100 万日元，一共 300 万日元，购置了一栋建筑物。

（※ 这种情况，现实中可能会有很多种解读方法，我只介绍了最简单的一种方法。）

如前面的例子所示，资产负债表不仅仅能体现出公司的资产状况——"公司拥有什么资产、有多少"，还能显示出"这些资产是从谁那里、以什么样的形式筹措而来"的筹措情况，以及"公司以什么形式运用这些财产"的运用情况。

○ 财务状况：筹措与运用的情况

趁热打铁，我们再进一步学习一些"资产""负债""所有者权益"各自的详细内容。

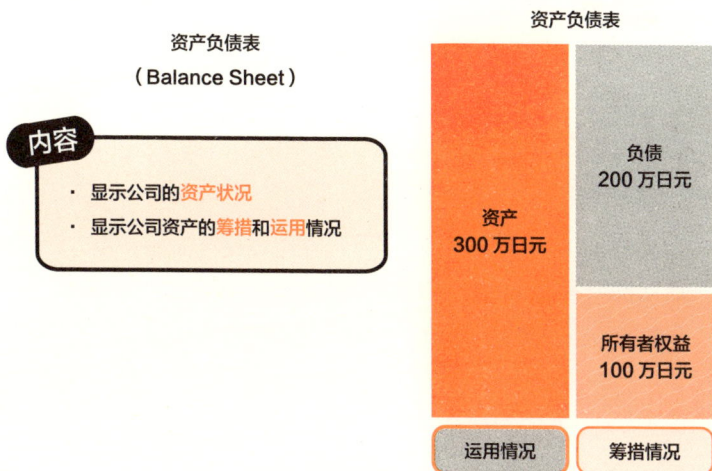

资产负债表
（Balance Sheet）

内容
- 显示公司的资产状况
- 显示公司资产的筹措和运用情况

资产负债表

| 资产 300 万日元 | 负债 200 万日元 |
| | 所有者权益 100 万日元 |

运用情况 · 筹措情况

资产负债表——资产部分

⭕ 运用（资产）

"资产"是预期能给企业带来经济利益的资源，根据回收经济利益的期限长短，资产被分为"固定资产"和"流动资产"。在资产负债表中，会对固定资产和流动资产进行分别记录。

短期内可以回收资金的资产叫作流动资产；资金回收周期很长的资产，就是固定资产。关于短期、长期的界线，我就不在这里详细讲解了，您可以记住，能在一年之内回收资金的，就是流动资产。

流动资产包括现金、销售后可以变成现金的商品、债权等。只要是短期内可以回收资金的资产，都属于流动资产。

另一方面，固定资产包括办公场所、公司车辆、电脑设备等，属于资金回收周期比较长的资产。

※ 对固定资产来说，很多固定资产本身不会产生收益，但是，如果没有办公场所的话，员工就没有工作的地方，文件没有保管的地方，也没法邀请客户来商谈。所以，办公场所之类的固定资产，可以间接

地为创造收入做贡献。在长期的企业经营过程中，固定资产可以为回收资金做出实质性的贡献，因此被记录在资产中。

流动资产	预期在一年之内可以回收现金的资产，或者现金的替代品。 例如：现金、银行存款、应收票据、商品等。
固定资产	除流动资产之外的资产。 例如：建筑物、土地、保证金等。

再多说几句，在资产负债表的"资产"部分中，有些企业会出现一些特殊的"明细科目"。

举例来说，在日本非常有名的航空公司有"日本航空公司（简称"日航"，英文缩写 JAL）"和"全日本空输株式会社（简称"全日空"，英文缩写 ANA）"，看这两家航空公司的资产负债表时，我们能在固定资产中看到"飞机"的明细科目。也就是说，飞机是航空公司的固定资产。这是其他公司所没有的明细科目。

通过资产负债表我们可以了解各种企业拥有什么样的资产。其中有很多明细科目是不常见的，有的时候我都会感到吃惊："竟然还有这种固定资产！"令人大开眼界。所以，看财务报表是一件非常有趣的事情。

明细科目	在对交易进行会计记账时，为了便于理解，会细分很多科目，这些科目都叫明细科目。就好比家庭收支账簿中每一笔收入或支出的名目，这样讲是不是更好理解一点？

资产负债表——负债部分

⭕ 筹措（负债）

资产负债表

| 运用情况 | 筹措情况 |

流动负债（短期内需要偿还）

应付账款　　短期借款（不满一年）

固定负债（偿还期限长）

公司债券　　长期借款（一年以上）

偿还期限　短　长

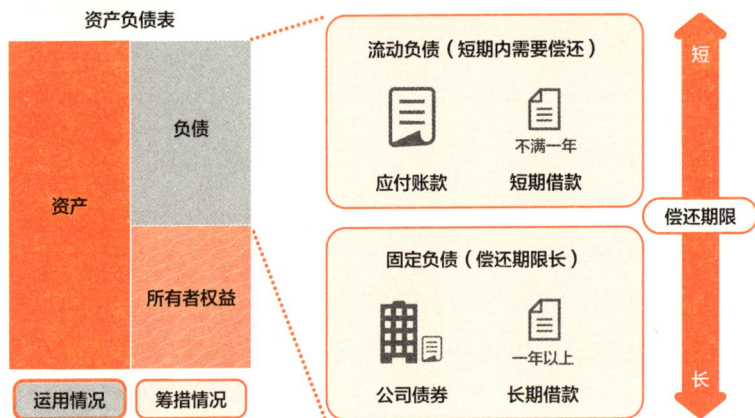

讲完资产，我们讲"负债"。

负债，是企业在短期或长期内必须偿还的债务。

和资产类似，根据偿还期限的长短，债务也分为流动债务和固定债务。偿还期限短的是流动债务，偿还期限长的是固定债务。

流动负债包括以赊购形式采购商品时产生的应付账款、以分期付款方式购买固定资产时尚未支付的部分款项、偿还期限在一年以内的短期借款等。

另一方面，固定负债包括偿还期限在一年以上的长期借款、赎回期限在一年以上的公司债券等。

关于如何区分流动负债和固定负债，"偿还期限一年"是一个分界点，可以据此进行判断。

流动负债	一年以内需要偿还的债务。 例如：应付票据、应付账款、短期借款等。
固定负债	除流动负债之外的债务。 例如：长期借款、公司债券、退休准备金等。

　　顺便介绍一下，上市公司资产负债表的债务部分，可以看到一个叫"退休准备金"的科目。所谓退休准备金，就是企业为退休员工发放退休金所准备的资金。根据"退休准备金"的数值，我们可以看出这个企业将给它的退休员工发放多少退休金。

　　如果您对某家企业感兴趣，想去这家公司上班，不妨看看这个科目，就可以大体判断出退休后的待遇如何。

资产负债表——所有者权益部分

◯　筹措（所有者权益）

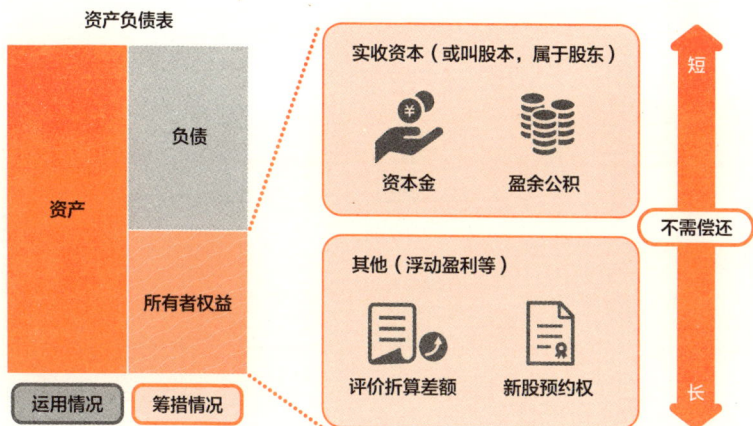

资产负债表

资产　负债　所有者权益

运用情况　筹措情况

实收资本（或叫股本，属于股东）

资本金　盈余公积

其他（浮动盈利等）

评价折算差额　新股预约权

短　不需偿还　长

　　最后，我们来看"所有者权益"。与负债不同，所有者权益是"**不需要偿还的资金**"。

所有者权益包括经营者在创立公司时投入的"**资本金**"，以及公司经营到现在积累的"**盈余公积**"等。这两项统称为"**实收资本**"。

另外，在所有者权益中还会记录一些既不是资产也不是负债的项目。这些项目我在本书中称之为"实收资本以外的项目"。实收资本以外的项目，有很多都是不太常见或者难以理解的项目，大家可以略过。

您觉得所有者权益中最重要的项目是什么？

答案是"实收资本"。理由非常简单，因为实收资本是企业真正可以自由使用的资金。

我们把实收资本和借款进行一个比较。

借款，在限定的期限内必须偿还。虽然在借款期限内，企业可以自由使用借来的这笔资金，但到还款期限时，必须拥有相应的资金来偿还这笔钱。

简单地说就是"虽然借来的钱可以暂时自由使用，但到该还钱的时候，必须准备相应的钱来偿还"。

而实收资本就没有偿还的义务，可以自由使用，而不用考虑到期还钱的事情。

所有者权益的总结

实收资本	经营者投入企业的资金、经营活动积累的利润。 例如：资本金、盈余公积等。
实收资本以外的项目	既不是资产也不是负债的项目。 例如：有价证券折算差额、外币折算差额等。

再有，当负债的合计额超过资产的合计额时，所有者权益就会取负值，这种情况叫作债务超额。

在日本，上市公司如果持续债务超额状态超过一年时间，就会被强制退市。债务超额说明企业处于一种非常危险的状态。所以，当我们在看资产负债表的时候，重点要看负债总额是否超过资产总额，也就是看所有者权益是不是负数。

但是，像风险投资企业等新兴企业，在事业扩张期，因为前期投资非常大，所以也会暂时陷入债务超额的状态，但如果风险投资家看好这家公司的前景，还是会继续支持它的。

与债务超额的情况相对，如果一家企业持续盈利的话，那么资产负债表中所有者权益的比例就会比较大。

举例来说，我们看日本的家居连锁店 NITORI 的资产负债表，可以发现它的所有者权益的比例非常大。根据 2019 年 2 月的数据可以看出，NITORI 的所有者权益比例超过 80%。

而且，所有者权益的大部分都是过去利润的积累——盈余公积。NITORI 创造出连续 32 期收入和利润双增长的伟大业绩，真是了不起！它的资产负债表如下所示。

◯ NITORI 的资产负债表

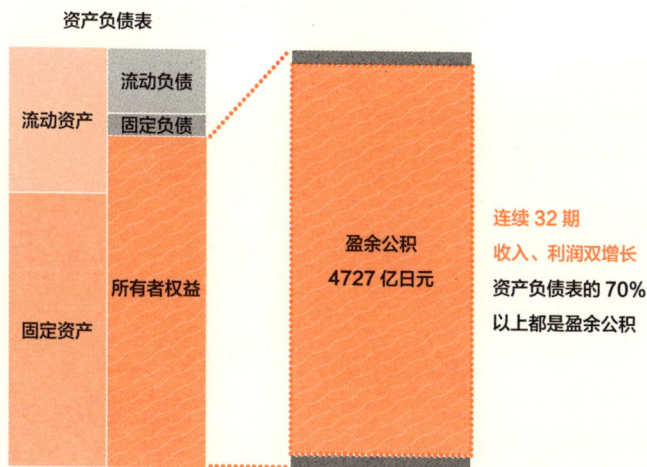

资产负债表

流动资产
流动负债
固定负债
所有者权益
固定资产

盈余公积
4727 亿日元

连续 32 期
收入、利润双增长
资产负债表的 70%
以上都是盈余公积

Q 问题：
下列资产负债表属于什么行业的企业？

最后，我们一起回顾一下开头我提出的问题。学了这么多知识之后，看您能不能得出正确答案。

这个资产负债表属于什么行业的企业？

→

流动资产	流动负债
固定资产	固定负债
	所有者权益（净资产）

选项

（1）零售业

（2）IT 业

（3）铁路运输业

提示

● 请您在头脑中先想象一下，不同的行业各自会运用到什么样的资产。每个行业必要的设备、建筑物、库存商品……总之，请您尽量多想各种要素。

● 请大家把目光聚焦在庞大的固定资产上。在三个选项中，哪个行业必备大量的固定资产？

好啦，下面我要公布正确答案啦！

正确答案就是（3）铁路运输业的资产负债表。

现实中，上图是东日本旅客铁道株式会社（JR 东日本）的资产负债表。搞铁路运输，必不可少的是什么？没错，就是线路和列车。

线路也好，列车也罢，都是铁路运输公司的固定资产。所以，这种公司的固定资产都会相当庞大，占比例很高。这也是这个行业的显著特征。

很多朋友一看"资产负债表"这个会计术语，就被吓住了，就不想再看下去了，甚至都不敢看了。但是，我帮您揭开"资产负债表"的神秘面纱之后，现在您是不是觉得它也没什么了不起的。

您只需这么想，所谓资产负债表，就是记录企业都拥有哪些资产、这些资产是怎么来的，就容易理解了。

○ 资产负债表的总结

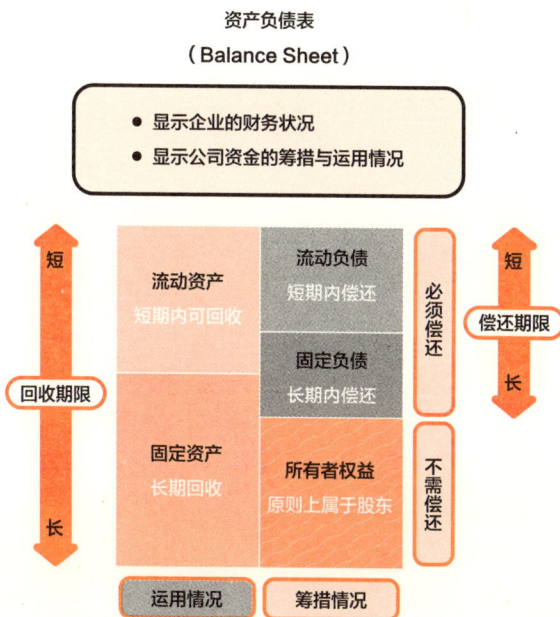

资产负债表
（Balance Sheet）

- 显示企业的财务状况
- 显示公司资金的筹措与运用情况

（1）资产负债表由资产、负债、所有者权益三部分构成；

（2）资产是指将来可以为企业带来资金的项目；

（3）负债是指企业将来必须偿还的债务等项目；

（4）所有者权益是指企业不需要偿还的资金、过去利润的累积额等项目；

（5）资产一方表示企业如何运用资产，负债、所有者权益一方表示企业如何筹措资金；

（6）根据资金回收、负债偿还的期限，资产分为流动资产和固定资产，负债分为流动负债和固定负债。

至此，我们已经学完了资产负债表的全部基础知识。

接下来，我会以实际企业的资产负债表为基础，帮大家解答财务知识中的问题，并解读各种企业的经营模式。

Chapter 1

1

【二手物品交易】看透二手物品交易企业的资产负债表
（MERCARI 和 BOOKOFF）

● **虽然我们经常使用一些企业的服务，但并不了解这些企业拥有什么样的资产**

我们先以日常生活中常见的企业 MERCARI 和 BOOKOFF 为例，来分析它们各自的资产负债表，我们还会出一些比较问题。经过比较，我们能发现上述两家企业的资产存在很大差异，这是因为两家企业的经营模式不同。您先不用想得太复杂，先看看它们的资产负债表。

Q 问题：
请问以下哪个资产负债表是 MERCARI 公司的？

哪个是 MERCARI 的资产负债表？

选项（1）

选项（2）

大手町小熊哥： 来来来！大家来挑战会计知识竞猜！（1）和（2）两个资产负债表，哪个是 MERCARI 的？你判断的理由是什么？

大学生老弟： 乍看上去的话，我猜（2）是 MERCARI 的。因为它也是一家 IT 企业，固定资产应该比较少。只要有电脑，就能工作。

销售小姐姐： 厉害！你是从固定资产来判断的。我在比较（1）和（2）的时候，发现（2）的流动资产明显很大。

职业投资人大壮： 我也觉得（2）是 MERCARI 的。BOOKOFF 有大量的库存，肯定需要仓库。仓库的存在就会使固定资产很大。

大手町小熊哥： 看来大家都选（2）。我想请大家深挖一下其中的理由。

从流动资产进行分析

大学生老弟： 刚才销售小姐姐说的流动资产，我现在还不太清楚，头脑中没有一个清晰的概念。

银行职员小明： 流动资产大体上可以分为"库存现金""应收账款"和"存货（商品）"等。如果是 MERCARI 公司的话，

它们的流动资产包括哪些呢？说起来有点丢人，我还没用过MERCARI……

销售小姐姐：假如你有什么东西不想要了，想要卖出去，就可以挂在MERCARI的App上卖。那么，个人用户挂在网上销售的"二手商品"会计入MERCARI公司的资产负债表中吗？

职业投资人大壮：不会。挂在MERCARI的App上销售的二手商品，说到底还是属于个人用户的，所有权不归MERCARI公司，因此不能计入MERCARI公司的资产。

大学生老弟：也就是说，MERCARI公司只为个人用户提供二手商品交易的平台，然后它们收取一定的手续费，是不是这样的商业模式？这样说的话，BOOKOFF有大量的二手书库存，它的流动资产应该很大才对呀。那（2）应该是BOOKOFF的资产负债表，是吗？

从固定资产进行分析

银行职员小明：但是，刚才大学生老弟也说了"IT企业固定资产比较少"。BOOKOFF在全国都有实体店，而MERCARI全部的服务都在网上，并没有实体店啊。

大手町小熊哥：是啊，虽说"只要有电脑就能工作"的说法有点极端了，但IT企业的特点就是用很少的资产就能创造很高的主营业务收入。

职业投资人大壮：确实，IT企业即使没有大型资产也能创造出很高的主营业务收入，因此，这种企业的资产负债表的资产合计额就比较小。正因如此，相比之下流动资产就会显得比例很高。

大学生老弟： 嗯嗯，看来正确答案还是（2）！

大手町小熊哥： 没错！（2）是 MERCARI 公司的资产负债表。

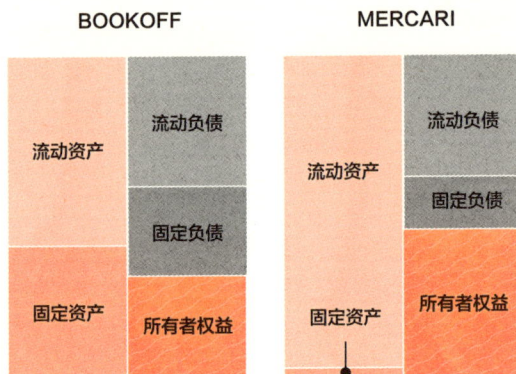

（2）是 MERCARI 的资产负债表 ➡️

BOOKOFF

流动资产	流动负债
	固定负债
固定资产	所有者权益

MERCARI

流动资产	流动负债
	固定负债
固定资产	所有者权益

分析一下资产的差异

怎么样？MERCARI 基本上不需要太多的设备投资，理由就在于它们的商业模式。

○ MERCARI 的商业模式

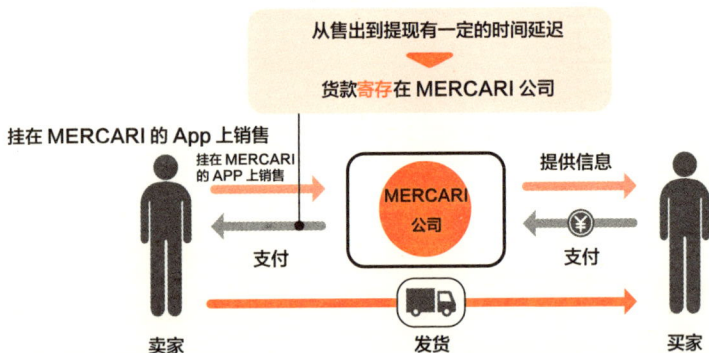

从售出到提现有一定的时间延迟

货款寄存在 MERCARI 公司

挂在 MERCARI 的 App 上销售

挂在 MERCARI 的 APP 上销售　　提供信息

MERCARI 公司

支付　　　　支付

卖家　　　发货　　　买家

买家把货款先支付给 MERCARI 公司代管。当买家和卖家达成交易后，卖家可以从 MERCARI 公司提现。但卖家要提现时，需要支付一定的手续费。

MERCARI 公司规定，个人用户作为卖家销售商品后，销售金额可以变成相应的积分积累起来。这个积分既可以抵扣提现的手续费，也可以在购物时抵扣货款。

因为提现需要支付给公司一定的手续费，所以一些用户会等账户中的金额积攒比较多的时候再一并提现，这样一来，提现就出现了一个时间延迟。对 MERCARI 公司来说，这段时间它就帮卖家保管了买家的寄存金，这种商业模式使 MERCARI 公司很容易积累现金。

○ MERCARI 公司的资产负债表

合并资产负债表

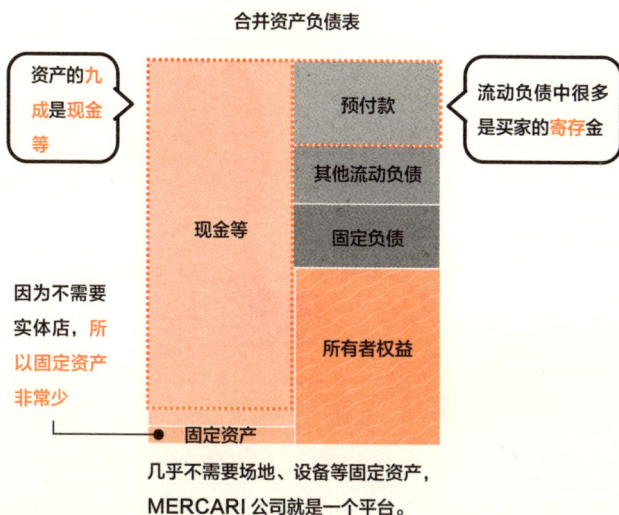

资产的九成是现金等

流动负债中很多是买家的寄存金

现金等

预付款

其他流动负债

固定负债

所有者权益

因为不需要实体店，所以固定资产非常少

固定资产

几乎不需要场地、设备等固定资产，MERCARI 公司就是一个平台。

下面就是 MERCARI 公司实际的资产负债表，可以看到，现金、存款和寄存金都比较多。

○ MERCARI 公司实际的资产负债表

（单位：百万日元）		其他		58
当前会计年度		无形固定资产合计		1,081
（2019年6月30日）		投资及其他资产		
资产部分		投资有价证券		533
流动资产		押金		2,020
现金及存款	125,578	递延税款资产		1,825
应收账款	1,341	差额保证金		4,526
有价证券	5,196	其他		0
应收款项	14,176	投资及其他资产		8,907
预付费用	913	固定资产合计		11,871
存放款项	5,383	资产合计		163,685
其他	319	负债部分		
坏账准备	△1,094	流动负债		
流动资产合计	151,813	短期借款		－
固定资产		一年内偿还的长期借款		1,261
有形固定资产	※1,883	应付款		7,281
无形固定资产		应付费用		1,081
商誉	1,022	应付税款		1,687
		寄存金		45,818

需要实体店铺的商业模式有什么特点？

接下来我们再看 BOOKOFF 公司的资产负债表，因为 BOOKOFF
公司有很多实体店，又有大量库存书籍，所以固定资产和书籍等商品
占了资产的一大部分。

BOOKOFF 公司的资产负债表

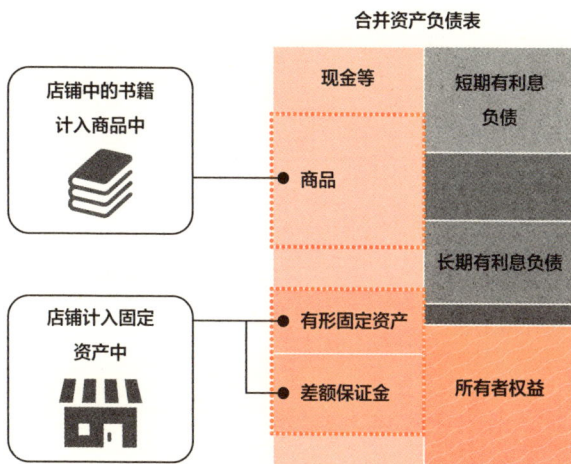

合并资产负债表

店铺中的书籍 计入商品中	→	现金等 商品	短期有利息 负债
			长期有利息负债
店铺计入固定 资产中	→	有形固定资产 差额保证金	所有者权益

因为有实体店铺，所以有形固定资产很大，
开实体店需要资金，因此还存在有利息负债。

"商品"是指店铺中的书籍等；"有形固定资产"是指店铺和保管书籍的仓库等；"差额保证金"是指押金等。

我们对 MERCARI 和 BOOKOFF 两家公司进行对比，差异便一目了然。

两家公司的对比

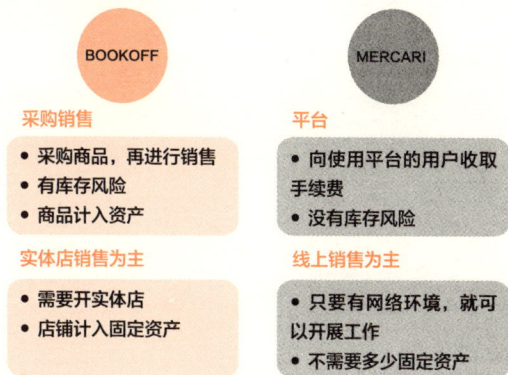

BOOKOFF

MERCARI

采购销售
- 采购商品，再进行销售
- 有库存风险
- 商品计入资产

平台
- 向使用平台的用户收取手续费
- 没有库存风险

实体店销售为主
- 需要开实体店
- 店铺计入固定资产

线上销售为主
- 只要有网络环境，就可以开展工作
- 不需要多少固定资产

虽说 BOOKOFF 和 MERCARI 都是围绕二手商品开展业务的，但两家企业的商业模式完全不同。说得极端一点，BOOKOFF 属于零售业，MERCARI 则属于 IT 行业。

就像前面知识竞猜中大学生老弟所说的那样，像 MERCARI 这样的 IT 企业，固定资产都比较少（因为设备投资比较少）。

有些公司虽然表面上看起来都是在做一样的生意，但因各自商业模式的不同，各自所需的资产类型也不尽相同。

这次，我们考察的要点就是"分析企业所持有的资产类型"。这也是判断企业商业模式的一个重要方法。

IT 企业的固定资产为什么比较少？	对 IT 企业来说，只要有电脑、有网络，就可以开展工作，所以它们不需要太多的固定资产。反之，像制造业企业，就需要拥有较大的固定资产，因为要制造商品需要生产设备。 当我们心中带着"这家企业在经营的过程中需要哪些东西"的意识再看资产负债表的时候，就会看到另外一番风景。

2 【零售】看透三家零售企业各自的商业模式（NITORI、迅销和良品计划）

为什么相同商业模式的企业，资产负债表也会有较大差异呢？

这次我要介绍的三家企业，大家在逛街的时候经常能看到。它们分别是家具连锁企业"NITORI"、服装企业"迅销"（※ 开设有优衣库）、杂货店"良品计划"（※ 开设有无印良品）。

这三家企业，**从策划、制造到销售，都由自己公司独立完成，属于** SPA（Speciality Retailer of Private Label Apparel）**模式（自有品牌专业零售商经营模式）。**不过，虽然这三家企业同属于一种商业模式，但它们的资产负债表还是存在着较大的差异，这是为什么呢？这就是本小节的主题，咱们一起去看看吧！

(1) (2) (3)

哪个是NITORI
公司的资产负债
表？

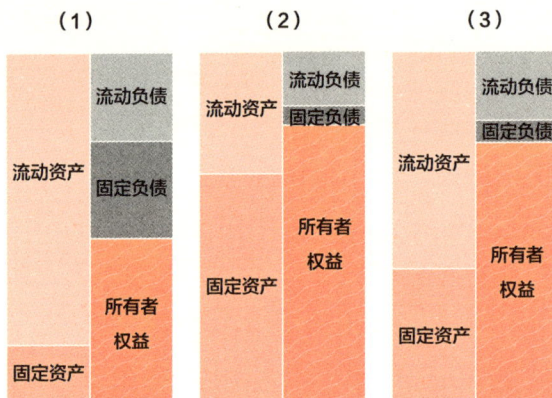

本次登场的企业

● **NITORI**
采取了该行业少见的制造零售的经营模式（SPA），第一代经营者就把公司打造成了家具零售业的龙头企业。

● **迅销**
服装零售业的龙头企业。
拥有"优衣库""GU"等品牌店。

● **良品计划**
经营"无印良品""MUJI"等品牌的家居用品、服装、杂货等。

大手町小熊哥： 我们在逛街的时候，经常能看到以上三家公司的店。它们在做广告方面也非常积极。不仅在日本国内，在海外也开了很多分店。三家公司同样都属于制造型零售业，请你们猜一下，前一页给出的三个资产负债表中，哪一个属于 NITORI 公司？

从企业的背景知识入手进行分析

银行职员小明： 虽然它们都属于零售行业，但销售的商品不同，所以资产负债表才会有较大的差异。

销售小姐姐： 嗯，NITORI 经营家具，迅销主要是服装，良品计划经营的是杂货、服装、食品等与日常生活息息相关的快速消费品。

大学生老弟： 前段时间我求职的时候，还去参加过 NITORI 的说明会，它们给我的印象非常好，感觉是一家优质的良心企业。

职业投资人大壮： 没错，NITORI 已经连续 32 期增收增利了。

银行职员小明： 是吗？那就是说，以往它们积累了很多的利润。

销售小姐姐： 小明这个提示很关键，那就是说，在所有者权益比较大的（2）和（3）中，可能有一个是 NITORI。

大学生老弟： 对啊！不过，（2）和（3）的所有者权益比例都差不多，怎么找出哪个才是 NITORI 呢？

大手町小熊哥：很不错！大家能从"NITORI连续增收增利"的背景知识出发，分析出它们的资产负债表中所有者权益的比例很大，这一点很棒！那么，（2）和（3）的差别在哪儿呢？我提示一下，大家可以从不同公司经营的商品特征进行考虑。

从固定资产进行分析

销售小姐姐：说到（2）和（3）的差别，我觉得是**固定资产的多少**。

大学生老弟：这三家公司都有实体店，也同时在网上开展销售。比较来看的话，实体店最多的应该是迅销。实体店多的话，固定资产就应该比较大。所以，我觉得（2）是迅销，对吗？

银行职员小明：要说实体店铺数量的话，迅销确实最多。但是，NITORI**经营的商品是家具**，这一点引起了我的注意。卖家具的话，卖场面积肯定小不了。

销售小姐姐：确实，在我的印象中NITORI的店都开在郊区的大路边上，面积很大。而优衣库和无印良品一般都在商业街或商业中心开店。可是……从场地租金来考虑的话，NITORI的场地虽然大，但在郊区的话，租金应该比较便宜。但如果在繁华的商业中心租场地开店，面积不大租金也会很贵吧？所以我觉得在繁华地段开很多店的话，固定资产会比较大。

职业投资人大壮：店铺租金确实如你所说，但还有一个东西不要忘记考虑，那就是**仓库**。虽然优衣库和无印良品也有独立的仓库，但它们的店铺也有仓库的作用，存了很多商品。可是NITORI就不同了，它们店铺里摆放的基本上都是展示品，实际上应该还有独立的仓库。而仓库也是需要交租金的。

银行职员小明：你这么一提醒，好像确实如此。而且 NITORI 经营的大型家具好像也是自己生产制造的。这样一来的话，它们的店铺、仓库、工厂都会比较大。

大学生老弟：咦？三家公司同是 SPA 模式，但听你们这么一说，难道迅销和良品计划并不自己制造商品吗？

职业投资人大壮：确实，只有 NITORI 拥有自己的工厂。服装的话，国内外有很多高品质的制造工厂。没有必要自己再建工厂。

销售小姐姐：那么，所有者权益很大，且固定资产很大的（2）就是 NITORI 了？

大手町小熊哥：正确！（2）是 NITORI 的资产负债表。

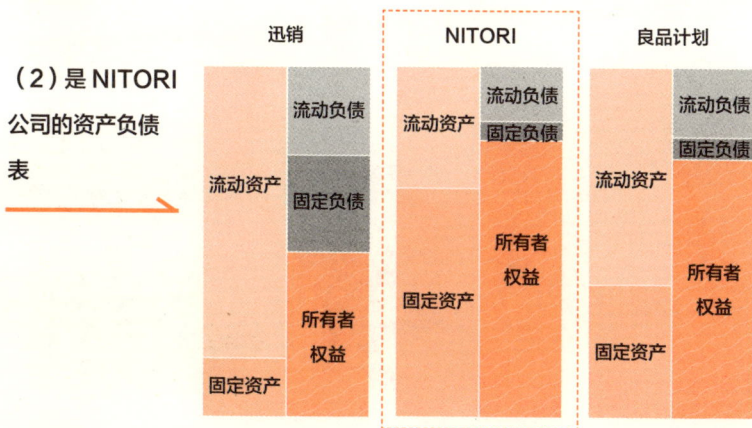

（2）是 NITORI 公司的资产负债表 →

职业投资人大壮：当前这个时期（2019）迅销获得融资，现金非常充裕。

大学生老弟：是吗？迅销的流动资产比例大、固定资产比例小，虽然它不同于前一小节的 MERCARI 公司，但乍一看资产负债表，还以为它是一家 IT 企业呢。

NITORI 的店铺数量比较多，但大多在郊区。因为它们经营的主要商品是家具、家居用品，所以卖场的面积都会比较大。

另外，顾客来店里选购家具的时候，只需根据店里的展示品进行选择，然后 NITORI 会把顾客选好的家具直接送到顾客的家里。因此，NITORI 还具备一定的物流能力。

在这三家公司中，只有 NITORI 拥有自己的工厂和物流设备，而迅销和良品计划，主要从合作企业获得商品。NITORI 拥有工厂和物流设备，因此固定资产的比例会比较大。

O NITORI 的资产负债表

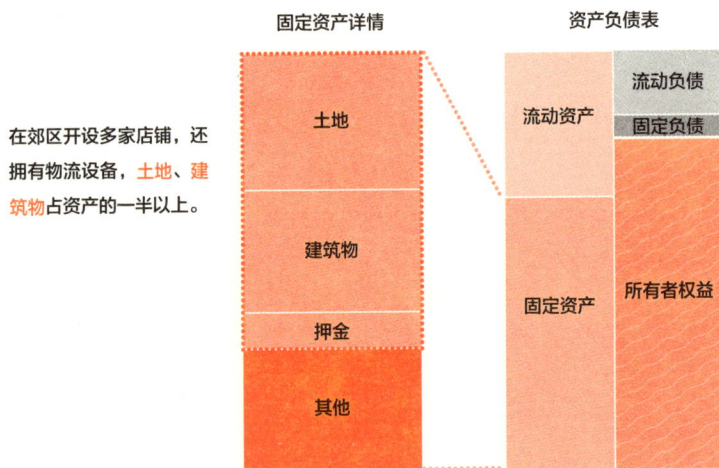

固定资产详情　　　　　资产负债表

在郊区开设多家店铺，还拥有物流设备，**土地、建筑物**占资产的一半以上。

土地

建筑物

押金

其他

流动资产

固定资产

流动负债

固定负债

所有者权益

最初我们把目标锁定为（2）和（3）选项，是根据所有者权益来判断的。因为我们知道 NITORI 公司连续 32 期增收增利，所以，所有者权益（盈余公积）应该比较大。

○ NITORI 的资产负债表

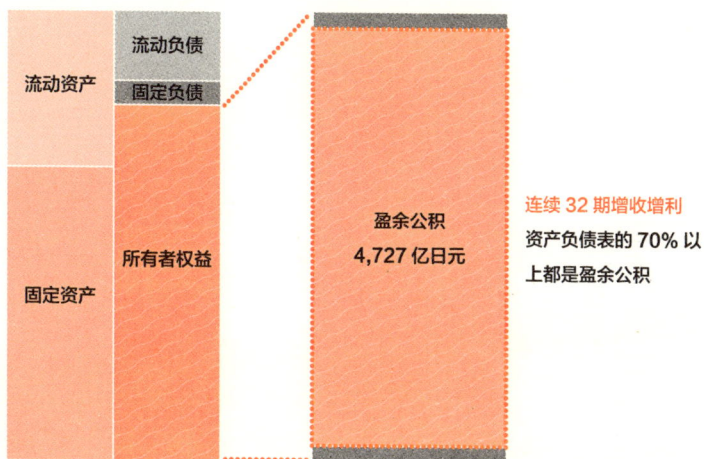

流动资产
流动负债
固定负债
固定资产
所有者权益
盈余公积
4,727 亿日元

连续 32 期增收增利
资产负债表的 **70%** 以上都是盈余公积

大手町小熊哥： 我再补充一点，迅销为了扩大事业，近年来融资动作频繁，结果获得了很多现金，因此流动资产比较大（2019 年 8 月）。

根据财务报表就能判断一家公司的薪资水平

其实，财务报表除了可以看透一家企业的经营策略，还有一个比较"俗"的用途，那就是推测一家企业的薪资水平。

（1）高管的报酬

要想了解一家公司高管的报酬情况，可以查看《有价证券报告书》中"公司管理状况"的"高管报酬"。这里记载了公司高管报酬的确定方法、高管报酬总额以及报酬超过1亿日元的个别高管的情况。如果觉得自己进入这家公司后，有可能发展到高管级别的管理者，就可以事先了解一下高管的收入情况。

顺便介绍一下，在"公司管理状况"中还会附上高管的简历。由此，我们可以判断哪个部门比较容易晋升。

（2）员工的收入

要想了解一家公司普通员工的收入，可以查看《有价证券报告书》中的"财务状况"。利润表中记录着全体员工的工资总额。

另外，在《有价证券报告书》的"企业概况"中有"员工状况"一项，能够了解企业员工人数。利用工资总额和员工人数，就可以计算出每个员工的平均工资。

由此可见，利用企业的《有价证券报告书》，我们可以把握很多信息。大家在调查一家企业的情况时，除了财务报表，还需要结合各种各样的公开信息，如《有价证券报告书》。

3

【银行】看透三家银行各自的商业模式
(三菱东京 UFJ 银行、SURUGA 银行和
SEVEN 银行)

同是银行，为什么它们的资产负债表差别这么大？

通过对前两小节的阅读，大家是否已经习惯了会计知识竞猜的氛围？经过前两个问题的解析，大家对资产负债表应该已经有了基本的了解。经过这一小节的问答，相信您一定会有更深入的理解。

这次登场的三家银行，它们虽然同是银行，但资产负债表的形式相差很大；银行的资产负债表形式也比较独特。这是本小节的两个要点。

下面我们就一起来看看吧。

Q 问题:
下面哪一个是 SEVEN 银行的资产负债表？

哪一个是
SEVEN 银行
的资产负债表？

选项（1）　选项（2）　选项（3）

银行资产负债表的形式与一般企业不同

大学生老弟： 这……这些真的是资产负债表吗？和前面两小节中出现的资产负债表都不太一样。

销售小姐姐： 看看表中的科目，没有流动资产、固定资产、流动负债、固定负债等常见的科目，却有"存款""贷款"之类的科目。

大学生老弟： 我问一个比较基础的问题，"存款"不应该属于资产吗？可为什么"存款"会出现在表的右侧呢？那不变成负债了吗？

银行职员小明： 从企业的角度来看，存款是资产，但从银行的角度来看，存款就是负债。因为这些存款是用户存在银行的钱，如果用户要提取，银行就必须支付给用户本金和利息。所以具有负债的性质。因此存款放在资产负债表的右侧，即负债一侧。

销售小姐姐： 也就是说，虽然资产负债表的形式不太一样，但思考方式和其他企业是一样的。

从资产进行分析

大手町小熊哥： 那么，大家认为哪个才是 SEVEN 银行的资产负债表呢？

职业投资人大壮： 嗯……我们先看各家银行资产中比例比较大的部分，（1）是现金等，（2）是贷款，（3）的各个科目相对比较均衡。

大学生老弟： 一开始，我认为现金最多的银行应该是三菱东京 UFJ 银行，也就是（1）。因为三菱东京 UFJ 银行是大型银行，用户数量最大，而且为了保证 ATM 机的正常运转，需要大量的现金。

银行职员小明： 嗯，有一定道理。但是只看资产负债表的话，（1）几乎没有多少贷款。金融机构不放贷，靠什么盈利呢？三菱东京 UFJ 银行当然也是一家金融机构，所以我很难想象（1）会是它的资产负债表。

销售小姐姐： 原来如此。反过来，（2）和（3）的资产负债表中贷款较多，说明它们有很多融资业务。

大学生老弟： 哦，融资。地方银行和大型金融财团都是以放贷为主营业务吗？我觉得地方银行扎根于当地，需要给当地中小企业提供贷款，地方银行应该是以放贷为主要业务的。但大型金融财团我就不太清楚了。

职业投资人大壮： 大型金融财团在全球都要开展业务，它们有多种多样的收益来源，所以它们的资产负债表可能会不太一样。

从负债进行分析

银行职员小明： 正如大壮所说的那样，大型金融财团涉猎的经营种类比较多。所以我觉得（3）有可能是三菱东京 UFJ 银行。因为（1）的贷款非常少，说明融资业务比较少，不太像三菱东京 UFJ 银行。（2）的话，它的事业范围似乎也不太符合三菱东京 UFJ 银行的特点。

销售小姐姐： 那也就是说，（1）和（2）中可能有一个是 SEVEN 银行的资产负债表啰？

职业投资人大壮： 看负债一侧的话，（2）的绝大部分都是存款。反过来推测，它们的银行规模应该不大，全靠用户存款来经营。

大学生老弟： 原来如此……

思考（1）和（2）商业模式的差别

销售小姐姐： 虽然（1）或（2）中有一个是 SEVEN 银行，可这两个资产负债表的差别还是比较大的呢。

大学生老弟： （1）似乎基本上没有开展融资业务，现金明显很多，（2）看起来则是以融资业务为主的银行。

银行职员小明： 地方银行以融资业务为主，所以我觉得（2）可能是 SURUGA 银行。

销售小姐姐： 那也就是说，（1）是 SEVEN 银行啰！

大手町小熊哥： 没错！正确答案就是（1）！

这次竞猜的关键点在于"分析资产负债表的内容，看穿企业开展的事业内容"。

通过前面的对话，大家可能已经注意到了，银行的资产负债表和一般企业不太一样，这一点希望大家牢记。

存款、贷款指的是什么？

对一般企业来说，**存款**和现金一样，属于资产。但从银行角度来看，存款属于什么呢？说到底，银行的存款是"用户存在银行的，日后一定要连本带息还给用户的钱"，所以，存款对银行来说是一种**负债**。

再来看**贷款**，从贷款一方的企业来看，日后是要偿还的，所以是负债。但是，从放贷的银行一方来看，"贷出去的钱，对方是一定要还的"，因此是银行的**资产**。

银行的三大业务和"第四业务"

银行的主营业务有三个。

○ 银行的三大业务

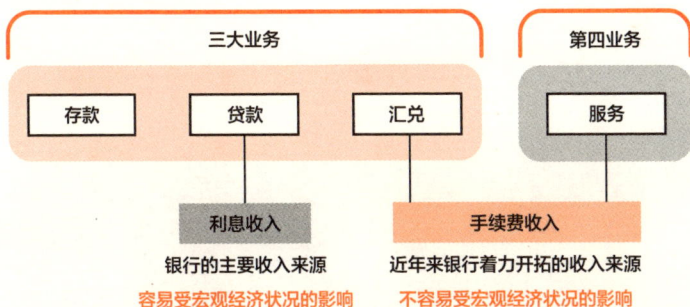

三大业务			第四业务
存款	贷款	汇兑	服务

利息收入　　　　　　　　　**手续费收入**
银行的主要收入来源　　　近年来银行着力开拓的收入来源
容易受宏观经济状况的影响　　不容易受宏观经济状况的影响

- 用户存在银行的钱叫"存款"。
- 把用户存在银行的存款作为资金，贷给需要资金的用户，叫作"融资"，也就是"贷款"。
- "汇兑"是汇款人委托银行将其款项支付给收款人的结算方式。

以上就是银行的三大主营业务，利息和手续费是银行的主要收入。

另外，近年来，很多日本银行又推出了第四项业务，那就是"服务"。

传统银行的商业模式

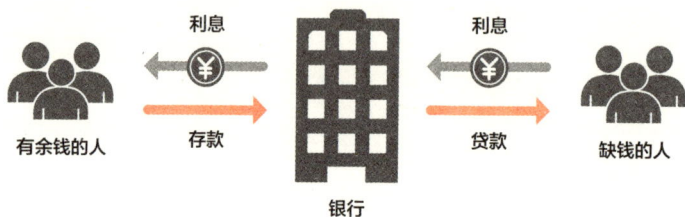

传统银行的重要收入来源是贷款业务。

贷款利息与存款利息的息差，就是银行的利润。

传统银行的基本操作是"以高于存款利息的利息放贷，以赚取息差"。

以贷款为主营业务的 SURUGA 银行

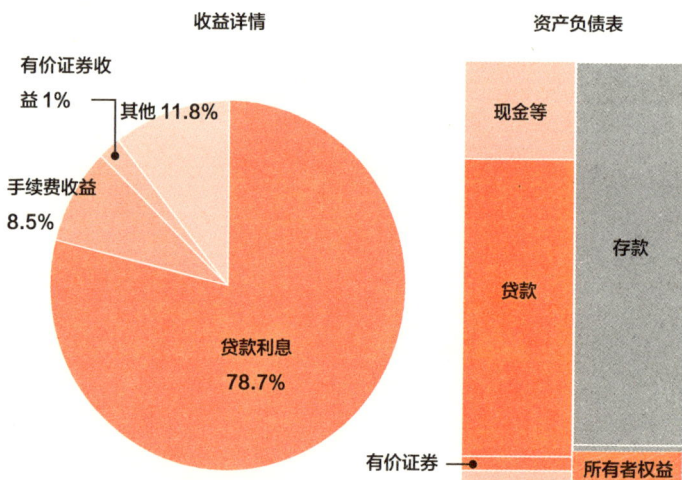

收益详情

有价证券收益 1%

其他 11.8%

手续费收益 8.5%

贷款利息 78.7%

资产负债表

现金等

贷款

有价证券

存款

所有者权益

地方银行的主要业务是给中小企业提供贷款，以及给一般居民提供房屋贷款，因此他们以放贷为主营业务。

请看图中 SURUGA 银行的资产负债表，它们吸收的用户存款几乎就可以支持放贷的资金。从这一点我们就可以看出地方银行与大型金融财团在规模上的差异。

○ 收入来源多样的三菱东京 UFJ 银行

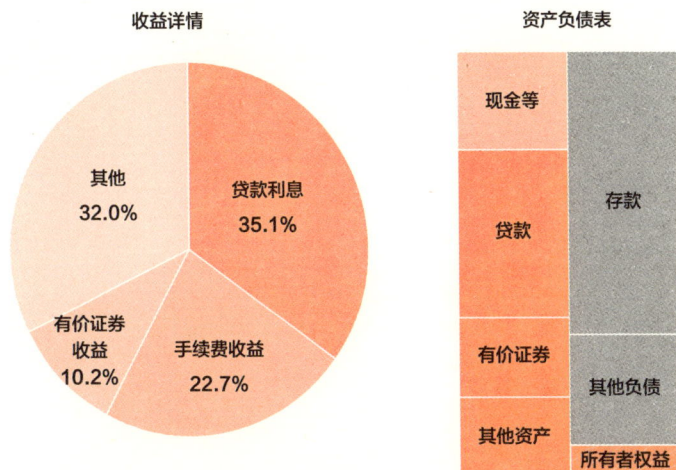

收益详情

其他
32.0%

贷款利息
35.1%

有价证券
收益
10.2%

手续费收益
22.7%

资产负债表

现金等

贷款

有价证券

其他资产

存款

其他负债

所有者权益

　　与地方银行相比，作为大型金融财团的三菱东京 UFJ 银行，其资产项目、收益项目更加丰富多样。

　　看一下收益详情，我们可以发现，贷款利息占整体收益的 35.1%，比例最大。不过，手续费收益占到了 22.7%，可见汇兑也是很赚钱的。

　　三菱东京 UFJ 银行除了融资业务，还开展了有价证券投资、企业并购咨询等业务，因此它们的资产负债表的资产项目就比较丰富。另外，再看资产负债表的负债一方，用户的存款不足以支持三菱东京 UFJ 银行的多种业务，因此运用了其他资金筹集手段。从而与地方银行 SURUGA 银行相比，三菱东京 UFJ 银行的存款比例要小一些。

　　也就是说，三菱东京 UFJ 银行有其他负债。

○ SEVEN 银行的商业模式

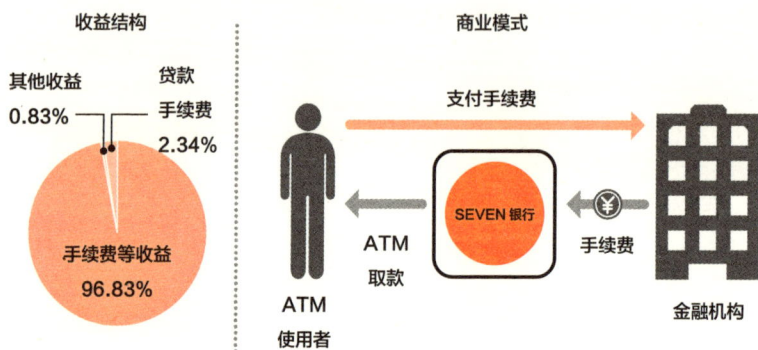

收益结构   商业模式

其他收益
0.83%

贷款
手续费
2.34%

手续费等收益
96.83%

支付手续费

SEVEN 银行

ATM
取款

手续费

ATM
使用者

金融机构

SEVEN 的主要收入来源不是 ATM 使用者支付的手续费，

而是**从合作金融机构那里获得的手续费**。

SEVEN 银行靠 ATM 来赚钱

SEVEN 银行主要靠 ATM 来赚取合作金融机构的手续费。

大学生老弟： 确实，街上能看到很多 SEVEN 银行的 ATM，但很少能看见它们的银行。

银行职员小明： 所以，SEVEN 银行如果没有 ATM 的话，就没法赚钱。而 ATM 属于固定资产，它们的固定资产就比较大。

销售小姐姐： SEVEN 银行靠什么赚钱呢？我用 SEVEN 银行的 ATM 跨行取款时，支付的手续费是给了 SEVEN 银行，还是给了账户所在银行？

实际上，SEVEN 银行不是靠用户使用 ATM 取款时支付的手续费赚钱，而是**靠合作金融机构给它们的手续费赚钱**。不是 B to C（企业对消费者）的商业模式，而是 B to B（企业对企业）的商业模式。

○ SEVEN 银行的资产负债表

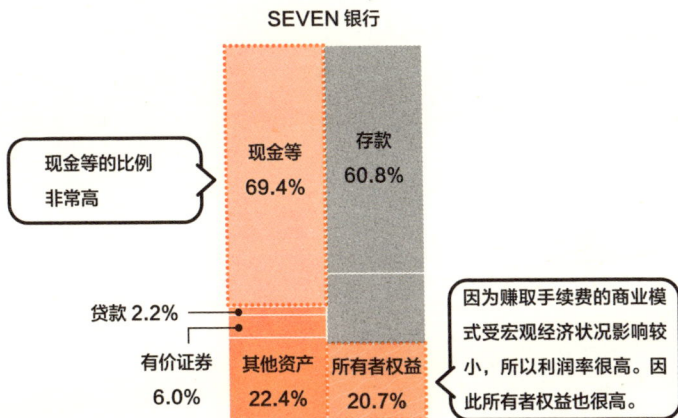

SEVEN 银行

现金等的比例
非常高

现金等
69.4%

存款
60.8%

贷款 2.2%

有价证券
6.0%

其他资产
22.4%

所有者权益
20.7%

因为赚取手续费的商业模式受宏观经济状况影响较小，所以利润率很高。因此所有者权益也很高。

靠赚取 ATM 手续费的商业模式，基本上不受宏观经济状况的影响，只要有现金和 ATM，就可以赚钱。因此 SEVEN 银行的利润率可以比以融资业务为主的银行更高。这是 SEVEN 银行的一个显著特征。

○ SEVEN 银行的商业模式

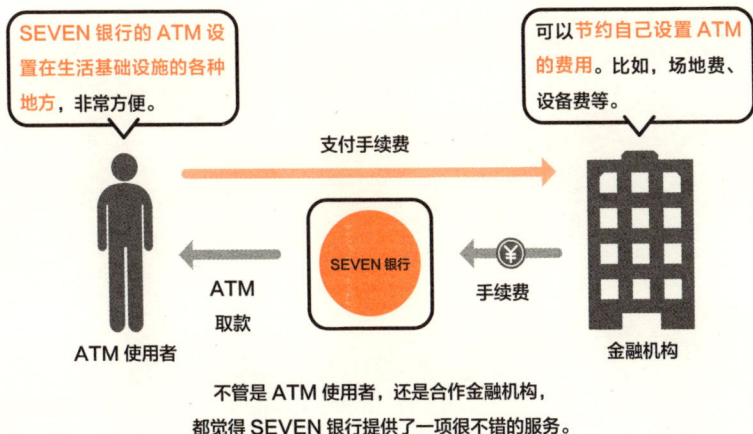

SEVEN 银行的 ATM 设置在生活基础设施的各种地方，非常方便。

可以节约自己设置 ATM 的费用。比如，场地费、设备费等。

支付手续费

SEVEN 银行

ATM
取款

手续费

ATM 使用者

金融机构

不管是 ATM 使用者，还是合作金融机构，
都觉得 SEVEN 银行提供了一项很不错的服务。

如果哪家银行想靠 ATM 来赚钱，那么最令它们头疼的就是寻找设置 ATM 的场地。因为 ATM 必须设置在民众日常生活的各种场所。

　　但是，SEVEN 银行就不存在这样的烦恼，因为它属于 7&i 集团旗下的银行，而 7&i 集团还拥有著名便利店 7-ELEVEN。7-ELEVEN 的店铺遍及各处，SEVEN 银行只要把 ATM 设置在 7-ELEVEN 里面就可以了。这是其他银行做不到的。

4

【汽车相关】看透汽车行业的商业模式
（日产汽车、PARK 24 和优步科技）

虽是同一行业，资产负债表却不尽相同

下面进入资产负债表的最后一个问题。这次是汽车行业的三家公司。其一是著名汽车大企业日产汽车，其二是经营停车场和汽车租赁业务（包括汽车租赁和共享汽车）的PARK 24，其三是为出租车驾驶员和乘客提供匹配服务的美资企业优步科技。**这三家公司经营的都是汽车相关业务，但因为商业模式不同，所以资产负债表相差也较大。**

因为是资产负债表的最后一个问题，所以关于表中的具体科目，我也会讲得更加详细。下面我们就一起看一看三家公司的资产负债表吧！

（1）

现金等	应付账款
应收账款	有利息负债
	其他流动负债
其他流动资产	有利息负债
有形固定资产	其他固定负债
其他固定资产	所有者权益

（2）

现金等	有利息负债 未付费用
应收账款	其他流动负债
其他流动资产	
有形固定资产	有利息负债
	其他固定负债
无形固定资产	所有者权益
其他固定资产	

（3）

现金等	未付费用
	其他流动负债
其他流动资产	有利息负债
有形固定资产	
投资有价证券	其他固定负债
	所有者权益
其他固定资产	

本次登场的企业

● 日产汽车
全球化大型汽车制造商。

● PARK 24
经营停车场和一些灵活多样的汽车业务。

● 优点科技
提供匹配出租车司机和用户的服务。

先分析各家公司的经营内容

大学生老弟： 我想先问一下，这三家公司各自的主营业务都是什么？搞清这个背景知识，才能做进一步的分析，大家觉得呢？

银行职员小明： 赞成！首先，日产汽车就是制造汽车的，不仅在日本国内销售它们的汽车，还远销全球。

大学生老弟： 日产汽车是制造企业，那也就是说它们有自己的工厂，因此固定资产应该会比较大。

销售小姐姐： PARK 24 的主营业务之一是经营停车场。我因为销售工作的关系经常乘坐公司的汽车到处跑，找停车场也是每天的必修课。我发现 PARK 24 的停车场很多，大部分时间我也是停在它们的停车场里。PARK 24 还有汽车租赁和共享汽车的业务，但到目前为止，我还没有用过。

职业投资人大壮： 优步科技是外资企业，英文名字是"Uber"。它们主要为出租车司机和乘客提供相互匹配的服务，让乘客找到合适的出租车。不过，日本在这方面的法律法规比较严格，所以优步在日本的业务只能算刚刚起步。去欧美国家的话，很多有车的个人也可以注册成为优步司机，因此使用优步叫车出行非常方便。

银行职员小明： 我还没用过优步，不过听说只要在手机上的优步 App 中输入乘车位置和目的地位置，就能匹配到附近的优步出租车。那些优步出租车是优步公司拥有的汽车吗？

职业投资人大壮： 不是，优步公司只提供人车匹配服务，它们自己没有汽车。

销售小姐姐： 那是不是说，优步公司的固定资产应该不会太大呢？

关注差异较大的地方

职业投资人大壮： 下面我们回到正题，看看三家公司资产负债表中差异较大的地方。有形固定资产的差异，是明显比较大的。**只有一家公司的有形固定资产比较少。**

大学生老弟： 是（3）。日产汽车要制造汽车，所以有工厂，PARK 24 经营停车场、汽车租赁、共享汽车业务，应该拥有停车场、汽车，所以这两家公司的固定资产应该比较大才对。

销售小姐姐： 那也就是说，（3）是优步科技啰？这样一来，我们就可以从（1）和（2）中寻找 PARK 24 了。

银行职员小明： 前面大学生老弟也说了，日产汽车有自己的工厂，所以有形固定资产会比较大。而且要制造汽车的话，工厂的规模应该会非常大。

销售小姐姐： 三个资产负债表中有形固定资产最大的是（2）。那么（2）很有可能是日产汽车。而且要制造汽车的话，也需要大量的资金，因此有利息的负债也很大。这正是（2）的特点。

大学生老弟： 嗯嗯，可以判定（2）是日产汽车。那么，（1）就是 PARK 24！对不对，小熊哥？

大手町小熊哥： ……

大学生老弟： ……

大手町小熊哥： 非常遗憾！（2）才是 PARK 24。

大学生老弟： 咦？

日产汽车	PARK 24	优步科技

日产汽车：
现金等 / 应付账款
应收账款 / 有利息负债
／ 其他流动负债
其他流动资产 / 有利息负债
／ 其他固定负债
有形固定资产 / 所有者权益
其他固定资产

PARK 24：
现金等 / 有利息负债 未付费用
应收账款 / 其他流动负债
其他流动资产
有形固定资产 / 有利息负债
／ 其他固定负债
无形固定资产 / 所有者权益
其他固定资产

优步科技：
现金等 / 未付费用
／ 其他流动负债
其他流动资产 / 有利息负债
有形固定资产
／ 其他固定负债
投资有价证券 / 所有者权益
其他固定资产

大手町小熊哥： 其实你们就差一点，很可惜。大家一致判定
（3）是优步科技，这是对的。但是在（1）和（2）中寻找
PARK 24 时，大家忽略了一点：**如果（1）是 PARK 24
的话，应收账款有那么多吗？**

银行职员小明： 其实我注意到了，但是我想，停车场和共享
汽车的业务，用户多是用信用卡支付的，所以在完成交易和
PARK 24 收到钱之间，会有一个延迟时间，因此可能形成
应收账款……

大手町小熊哥： 原来如此，您分析问题的视角很棒。不过，
如果（1）是 PARK 24 的话，您有没有想过，用户使用信
用卡支付的费用会超过有形固定资产的总额吗？

银行职员小明： 确实如此，你这么一说确实有点不现实。

大学生老弟： 不好意思，作为会计知识小白的我想问一个问
题，"应收账款"到底指的是什么？我想象不出来……

大手町小熊哥： 所谓应收账款，简单地讲就是"日后可以收取现金的权利"。举例来说，用户使用信用卡支付了费用，公司日后就可以向信用卡公司申请这笔钱。在信用卡公司把钱支付给公司之前，这笔钱在会计上就计作"应收账款"。

大学生老弟： 原来如此！就是公司应该收取，但还没有收到的钱。

下面，我给大家详细解说一下从三个资产负债表中寻找 PARK 24 的经过。

首先，（3）符合优步科技的状况。在这三家公司中，只有优步科技不需要太多固定资产。优步公司不需要拥有出租车，它们只是一个为出租车和用户提供匹配服务的平台，因此固定资产比较少，有形固定资产就更少了。

只要有出租车司机和用户在优步 App 上注册，优步科技就可以运行了。

○ **优步科技 商业模式**

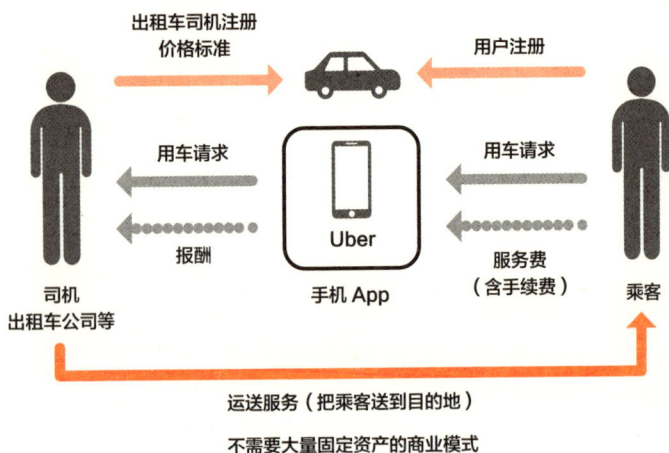

不需要大量固定资产的商业模式

但是，看一下优步科技的资产负债表资产一方，我们就能发现，虽然有形固定资产比较小，固定资产整体的比例却比较大。

这是因为优步公司对中国的打车 App"滴滴打车"进行了投资。作为"投资有价证券"计入了固定资产。

优步科技资产负债表

现金等	未付费用
	其他流动负债
其他流动资产 有形固定资产	有利息负债
	其他固定负债
投资有价证券	所有者权益
其他固定资产	

○ 优步科技投资有价证券的详细内容

Note 3 – Fair Value Measurement

The Company's investments on the condensed consolidated balance sheets consisted of the following as of December 31, 2018 and June 30, 2019(in millions):

	As of			
	December 31, 2018		June 30, 2019	
Non-marketable equity securities:				
Didi	$	7,953	$	7,953
Other		32		94
Debt securities:				
Grab[1]		2,328		2,334
Other[2]		42		34
Investments	$	10,355	$	10,415

优步科技对滴滴打车的投资，占了固定资产的大半

优步科技资产负债表

现金等	未付费用
	其他流动负债
其他流动资产 有形固定资产	有利息负债
	其他固定负债
投资有价证券	所有者权益
其他固定资产	

顺便说一句，与优步科技相反，PARK 24 拥有经营停车场、汽车租赁、共享汽车业务，它们拥有土地和汽车，因此有形固定资产就会比较大。

接下来我们再看日产汽车的资产负债表。最引人注目的就是应收账款，应收账款占了流动资产的大部分。

这是怎么回事呢？因为**很多用户在购买汽车的时候，使用了银行贷款**。

日产汽车的资产负债表

（单位：百万日元）

	前一会计年度 2018 年月 31 日	本会计年度 2019 年 3 月 31 日
资产部分		
流动资产		
现金及存款	1,134,838	1,219,588
应收票据及应收账款	739,851	512,164
销售金融债权	※3，※6 7,634,756	※3，※6 7,665,603
有价证券	71,200	139,470
商品及制品	880,518	827,289
采购品	91,813	64,386
原材料及储藏品	318,218	366,248
其他	※6 775,771	※6 945,449
坏账准备金	△ 116,572	△ 127,092
流动资产合计	11,530,393	11,613,105

销售金融债权占了流动资产的大部分

日产汽车资产负债表

贷款买车

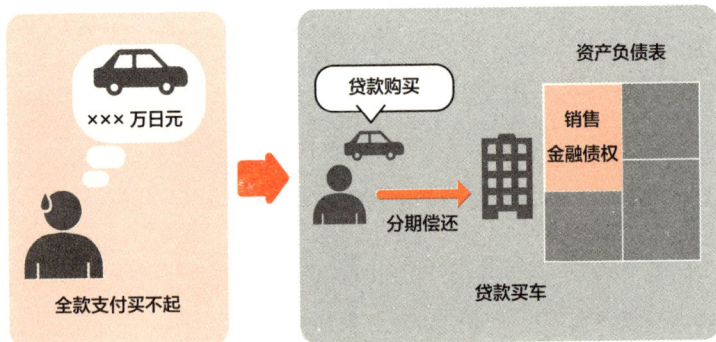

顾客贷款买车的时候
作为金融销售债权计入资产负债表的流动资产

基本来说，汽车算是高价商品，日本人一般都采用贷款的形式购买汽车。用户买车的贷款，对汽车企业来说是销售金融债权，**计入资产负债表的流动资产**。

○ 汽车企业的金融业务

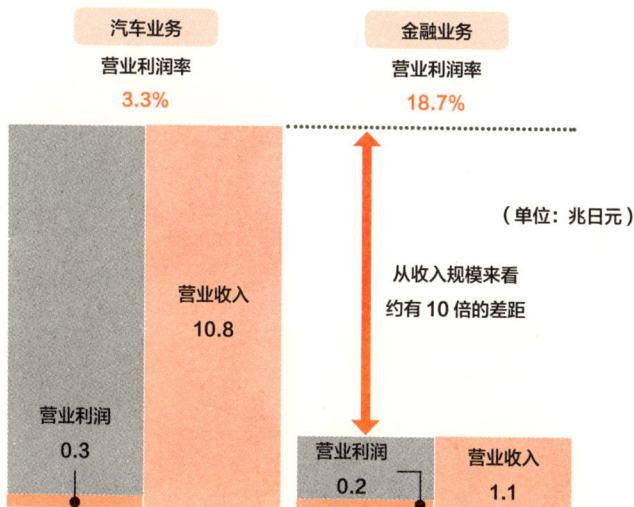

因金融收益而提高利润的商业模式

　　以上是对日产汽车两项主要业务的对比，从营业收入来看，汽车业务的收入约是金融业务收入的 10 倍，但是，两种业务创造的营业利润额相差不大。由此可见，金融业务也是日产汽车的一个主要利润来源。

　　"一家企业是凭借什么资产来赚钱的呢？"当我们用这样的视角来分析日产汽车的时候，我们会发现，它们不仅仅靠"制造、销售汽车赚钱"，还靠"销售汽车时为客户提供贷款来赚钱"（看到上方的图，您就知道，与制造、销售汽车相比，为客户提供贷款的利润率更高一些）。

　　顺便介绍一下，如果日产汽车不开展金融服务的话，对它的汽车销售也会带来极大的影响。试想一下，如果您想买车的时候，汽车企业说："我们不提供贷款服务，您只能付全款买车！"您还会在这家买车吗？相信大多数朋友都会望而却步，选择能贷款的车企去买车。也就是说，车企提供金融服务，一方面可以赚钱，另一方面还能促进汽车的销售。

　　最后，我们来看 PARK 24。可能在很多朋友的印象中，PARK

24 就是一家经营停车场的公司。但实际上，PARK 24 最为着力打造的是共享汽车业务。

在日本的共享汽车行业中，PARK 24 的市场占有率超过 80%。

○ PARK 24 是日本共享汽车行业的龙头企业

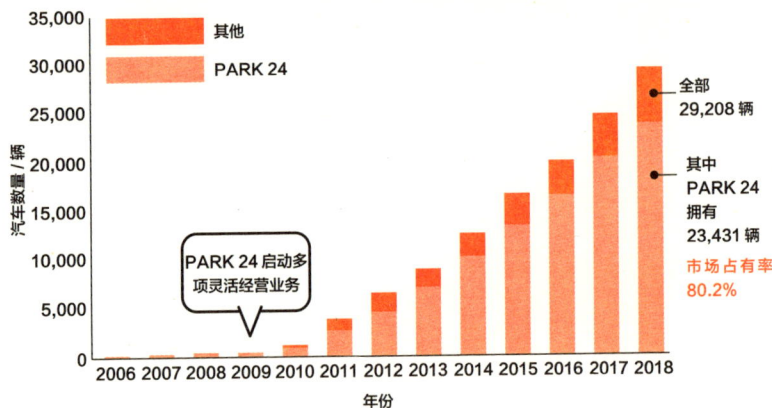

共享汽车数量的变化情况（辆）

日本全部共享汽车的数量为 29,208 辆，而 PARK 24 就拥有其中的 23,431 辆，市场占有率超过 80%。仅从汽车数量上看，PARK 24 绝对称得上是日本共享汽车行业的龙头企业。

○ 共享汽车业务的成功要素

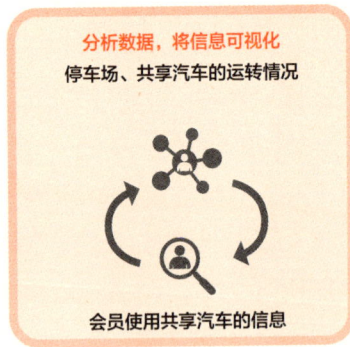

原本，要想在共享汽车业务中取得成功，离不开"停车场""汽车"和"会员"这三大要素。另外，共享汽车的使用率直接关系到公司的收益，因此，公司应该随时把握共享汽车的运转情况，然后推出合适的策略，才能提高汽车的使用率，让公司获得更大的收益。

○ PARK 24 进入共享汽车行业的缘起

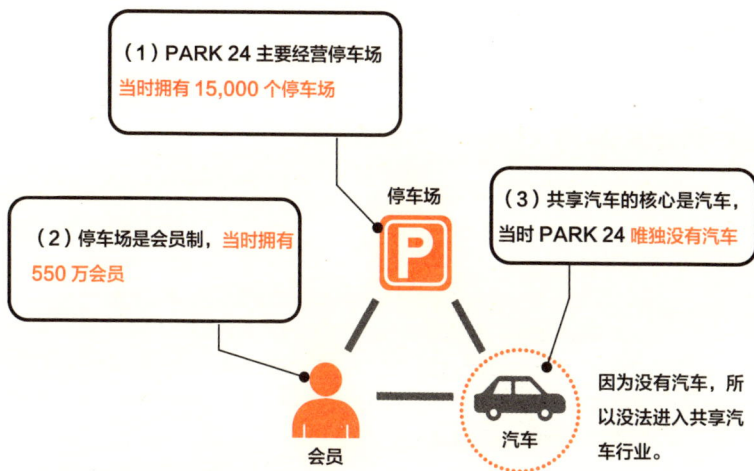

（1）PARK 24 主要经营停车场
当时拥有 15,000 个停车场

停车场

（3）共享汽车的核心是汽车，当时 PARK 24 唯独没有汽车

（2）停车场是会员制，当时拥有 550 万会员

会员

汽车

因为没有汽车，所以没法进入共享汽车行业。

PARK 24 并不是日本最先进入共享汽车行业的公司，算是后发企业，因为共享汽车行业的三大要素，PARK 24 开始时只拥有两个（停车场和会员）。PARK 24 不拥有汽车，所以一开始无法进入共享汽车行业。

但是，当 PARK 24 认为共享汽车行业大有可为的时候，就下定决心——想办法筹集汽车。

结果，PARK 24 收购了马自达汽车租赁公司，使其成为自己的子公司。

大学生老弟: PARK 24 和前面出现的 SEVEN 银行有点像。

销售小姐姐: SEVEN 银行灵活运用母公司拥有的便利店，设置了 ATM，使自己进入金融行业的初期投资大大降低。

银行职员小明: 原来如此。拥有大量停车场和会员的 PARK 24 与拥有汽车的马自达汽车租赁公司合作，就可以大胆地进入共享汽车行业了。

○ PARK 24 进入共享汽车行业的契机

节选自 PARK 24 的《有价证券报告书》（2009）

> 3 【事业内容】
> 另外，2009 年通过收购马自达汽车租赁公司的股票使其成为本集团的子公司。并和马自达汽车租赁公司的 2 家子公司、5 家关联企业一同开展汽车租赁业务。由此，本集团的经营范围从本会计年度开始，变更为停车场业务和汽车租赁业务两项。关于业务变更的具体内容，记录在"财务状况""财务报表"附加事项（经营范围信息）中。

> 将马自达汽车租赁公司收购为子公司：马自达汽车租赁公司拥有的停车场和会员数量都比较少，但拥有汽车。

➡️

> 武器已经齐备，从 2009 年开始开展多种灵活经营。

获得汽车之后，进入共享汽车行业的武器就齐备了，于是 PARK 24 从 2009 年开始，展开了多种灵活经营。

不仅如此，近年来 PARK 24 还开始了二手车销售业务。它们把使用过的共享汽车以二手车的形式销售给有意向的用户。

○ 二手车业务形成的会计科目转换

> **※5　有形固定资产保有目的的变更**
> **本会计年度（2018 年 10 月 31 日）**
> 把汽车租赁业务中的汽车作为二手车销售，是本公司运营循环中的一个环节，因此本会计年度中存货的金额变更为 5,768 百万日元。另外，期末的余额为 126 百万日元。

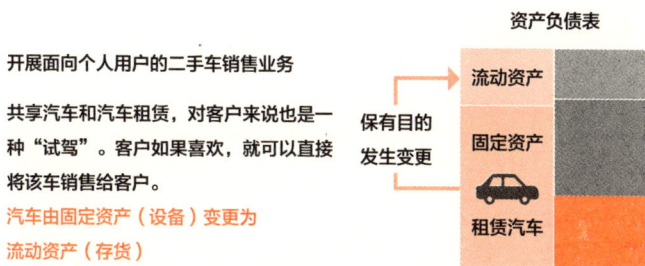

开展面向个人用户的二手车销售业务

共享汽车和汽车租赁，对客户来说也是一种"试驾"。客户如果喜欢，就可以直接将该车销售给客户。

汽车由固定资产（设备）变更为流动资产（存货）

资产负债表

保有目的发生变更

流动资产
固定资产
租赁汽车

也就是说，PARK 24 的商业模式为，自家公司保有的汽车（固定资产），在当作共享汽车为用户提供出行服务的时候，可以为公司创造利润。但是，如果用户喜欢这辆车，公司也可以把该车当作商品卖给用户，这又创造了一笔利润。

这种商业模式也可以简单地概括为"一车多用"。

○ 灵活经营的商业模式

（1）PARK 24 买入车辆　　**（2）用户通过共享汽车服务试驾**　　**（3）二手车销售**

我通过共享汽车服务试驾。

这辆车也销售。

把一辆汽车的价值发挥到最大

Chapter 2

什么是利润表
（P/L）

什么是利润表

仅通过利润表就可以判断一家企业所属的行业吗？

转眼之间，资产负债表我们就学完了。这次该讲利润表（P/L）了。和资产负债表以及第3章要讲的现金流量表相比，我觉得利润表要稍微好理解一些。

和前面一样，我先给大家出题。

Q 问题：
下列利润表属于哪个行业的企业？

这个利润表属于哪个行业的企业？

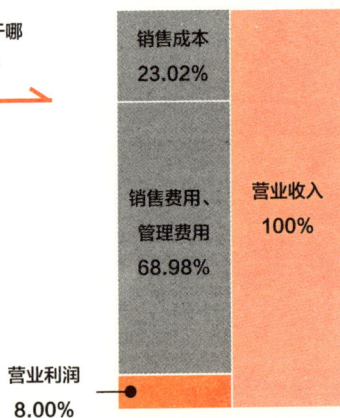

销售成本 23.02%	营业收入 100%
销售费用、管理费用 68.98%	
营业利润 8.00%	

选项

（1）IT

（2）化妆品

（3）批发

答案将在本小节的最后揭晓。

读完这一小节，您自然就能知道正确答案是哪一个。我希望您现在带着自己的思考来读下面的内容。最后找到答案后再回过头来看这个问题，把自己的思考轨迹和我的讲解进行对照，相信您一定能得到更大的收获。

下面，我们就来一起研究一下利润表。

利润表到底是什么样的财务报表？

前一章我们一起学习了资产负债表，在会计上和资产负债表联系非常紧密的就是利润表。至于具体是怎么"联系"的，后面我会详细讲。

利润表到底是什么样的财务报表呢？

（1）简单概括一下

企业在一年时间的经营活动中，创造了多少收入，投入了多少成本，以及由此获得了多少利润，记录这些数据的就是利润表。

⭕ 利润表显示企业在特定期间内的经营成绩

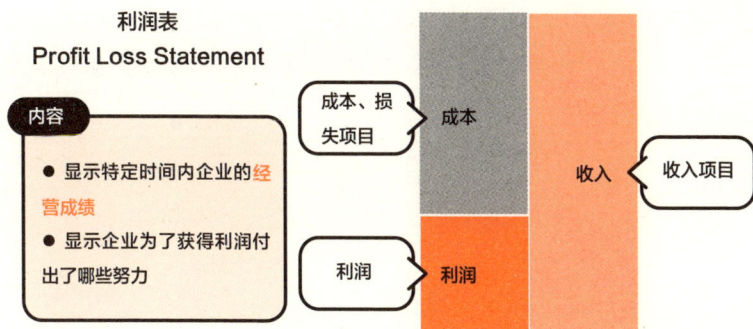

利润表
Profit Loss Statement

内容

● 显示特定时间内企业的经营成绩

● 显示企业为了获得利润付出了哪些努力

成本、损失项目 → 成本

收入 ← 收入项目

利润 → 利润

如果有人问您什么是利润表，您按照上面的表述回答就可以了。

"这家公司今年到底赚钱没有？"关于企业经营成绩的问题，利润表就可以回答。而对特定时间内企业经营成绩进行归纳总结的财务报表就是利润表。

（2）利润表 =P/L

利润表，英语为 Profit Loss Statement，缩写为 P/L。

Profit 是利润的意思，Loss 是损失的意思，Statement 是报告书的意思。

和 B/S（资产负债表）一样，在很多情况下，人们就用 P/L 来表示利润表。希望大家见到这样的缩写，不要觉得头晕。

（3）根据项目，分成左右两组

在利润表中，左侧（借方）为"成本"项目，右侧（贷方）为"收入"项目。这里所说的"收入"，您可以理解为"销售额"。

（4）借方、贷方必须一致

成本的合计额与收入的合计额会产生一个差额，这个差额是"利润"或者"损失"。利润加成本应该等于收入，或者收入加损失应该等于成本。也就是借方和贷方应该一致。这和资产负债表的借贷平衡有点相似。

借方与贷方一致：利润表的计算实例

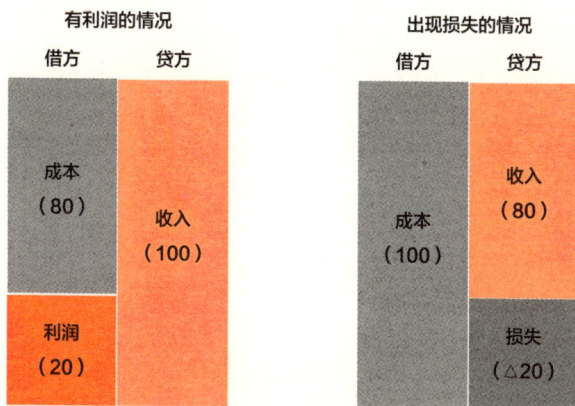

有利润的情况

| 借方 | 贷方 |

成本（80）　利润（20）　收入（100）

出现损失的情况

| 借方 | 贷方 |

成本（100）　收入（80）　损失（△20）

当产生利润的时候

当产生利润的时候，计算方法如下：

- 收入（100）－成本（80）＝利润（20）

（借方、贷方一致）

当出现损失的时候

当出现损失的时候，计算方法如下：

- 收入（80）－成本（100）＝损失（△20）

（借方、贷方一致）

用图表示的话，就如上面的图所示。

相信大家已经对利润表有了一个大致的印象，接下来我们再详细了解一下。

利润表由"成本""利润""收入"三大部分组成。利润表的左侧（借方）计入成本和利润，右侧（贷方）计入收入。

利润表中计入的信息大体上可以分为三部分

1. 收入——企业在一年中的总销售额。

2. 成本——员工的工资、广告费用等，企业一年中投入的成本、花掉的费用。

3. 利润或损失——收入与成本的差额就是利润或损失。通过这个数字，我们可以知道这家企业是赚钱还是赔钱。

本书中，收入用浅橙表示，成本用灰色表示，利润用橙色（损失用深灰）表示。

⭕ 利润表的基本情况：有利润的情况

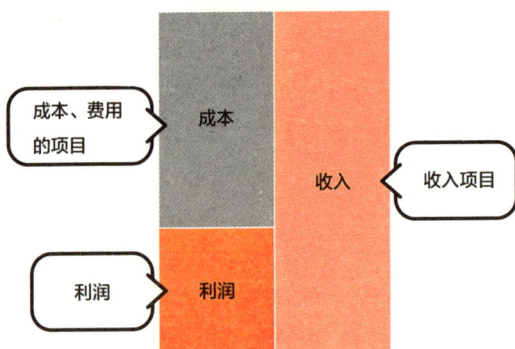

成本、费用的项目 → 成本

收入项目 → 收入

利润 → 利润

⭕ 利润表的基本情况：出现损失的情况

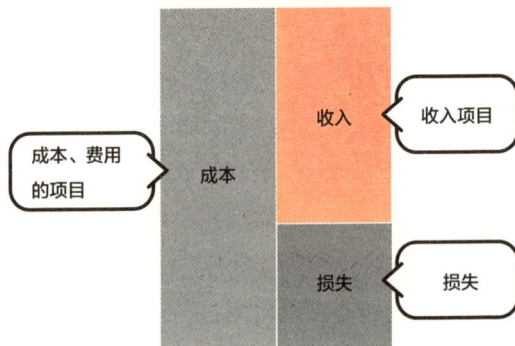

收入项目 → 收入

成本、费用的项目 → 成本

损失 → 损失

"收入""成本""利润"还分很多项？

下面我们再来看看"收入""成本""利润"各自的详细科目。
它们分别都有哪些科目呢？请结合下图进行理解。

⭕ 利润表的例子

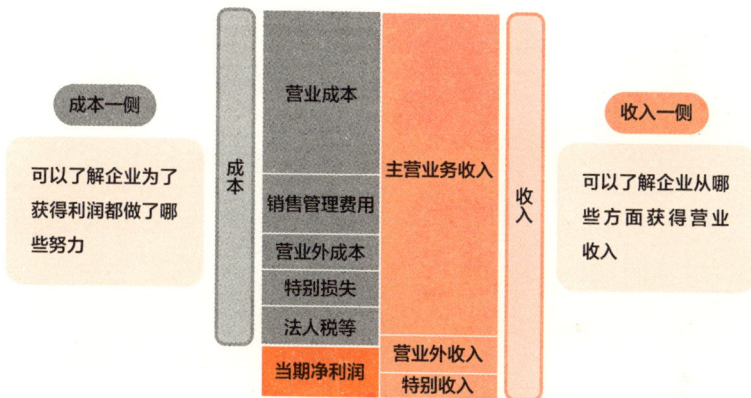

成本一侧	收入一侧
可以了解企业为了获得利润都做了哪些努力	可以了解企业从哪些方面获得营业收入

若把成本一侧或收入一侧再进一步分解的话，可以分出很多明细科目，不太好记。为了防止混淆，您只需记住**利润表显示的就是收入与成本的差，收入大于成本就有利润，成本大于收入，就出现了损失**。

我们知道，利润表由（1）收入、（2）成本、（3）利润三大要素构成。

但是，当您看到真实企业的利润表时，还会遇到很多难懂的明细科目。不过这时您不要着急，先做几次深呼吸，然后思考一下"这个科目属于哪个大要素"，只要找到它所属的大要素，就不会在利润表中"迷失"了。

○ **用大要素将利润表"简单化"**

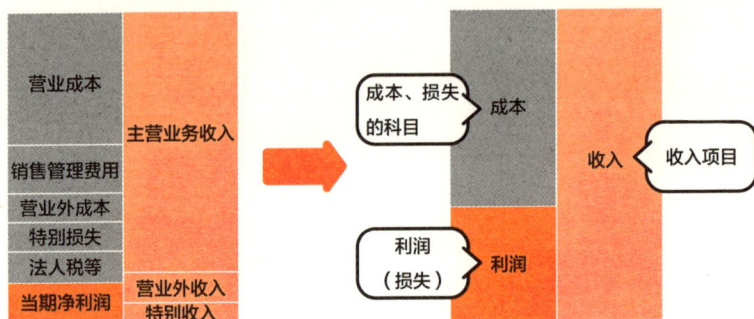

比较收入和成本，就可以计算出利润（或者损失）

还有一点我要给大家强调一下，在实际的利润表中，会出现很多跟"利润"有关的明细科目。每种"利润"的含义不同，下面我们就逐一讲解各种"利润"，以此引导大家从整体上把握利润表。

利润表中的"5 个利润"

○ **利润的种类**

利润表中会出现多种"利润"。
每种利润都代表不同的含义，我们逐一了解一下。

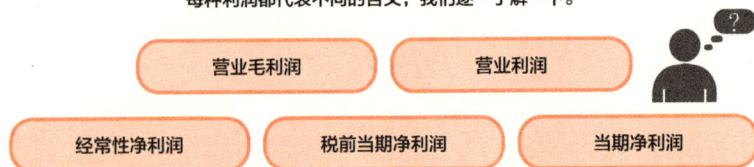

| 营业毛利润 | 营业利润 |
| 经常性净利润 | 税前当期净利润 | 当期净利润 |

我们先从"营业毛利润"开始讲解。

5 个利润之（1）——营业毛利润

○ （1）营业毛利润

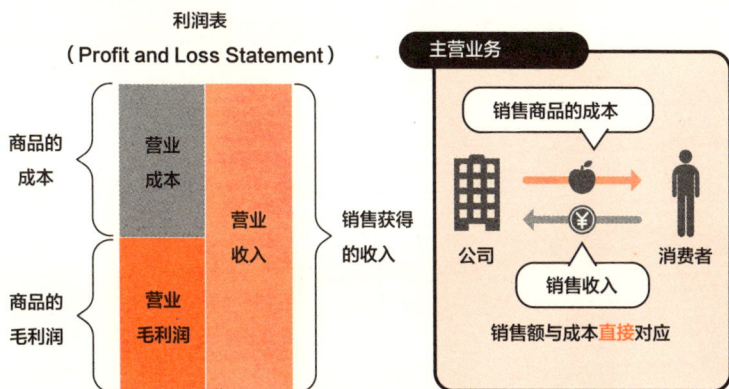

营业毛利润是营业收入与营业成本的差额，也叫粗利润或毛利润。相信很多朋友都听说过。

5 个利润之（2）——营业利润

○ （2）营业利润

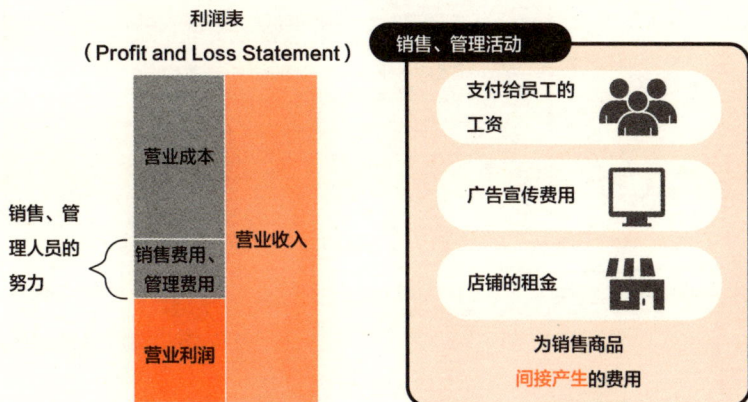

接下来我们来学习营业利润。一般情况下，我们常说的"利润"，实际指的是这个"营业利润"。

营业利润，是从营业毛利润中减去销售费用、管理费用之后得到的。

仅凭营业毛利润，我们根本无法判断一家企业依靠主营业务是赚钱还是赔钱。为什么这么说？因为除了商品的成本，企业还要花费一定数额的销售费用、管理费用。

只有从营业毛利润中减去这部分费用，才能看出企业是否赚钱。

销售费用、管理费用，是企业在获得营业毛利润的过程中所付出努力的代价。销售费用、管理费用包括支付给员工的工资、广告宣传费用、店铺租金等，是可以窥见企业经营状况的数据。

销售费用、管理费用分为很多种类，下面我就为大家总结一下。

什么是销售费用、管理费用	为销售商品产生的费用（销售费用）和公司整体的管理费用（一般管理费用），这些费用并不是公司为了制造商品而直接产生的费用，但不做广告的话，商品卖不出去，公司内部不进行行政管理的话，公司也运转不起来，所以，这些费用是销售商品过程中间接产生的费用。

销售管理费用的实例（常见例子）	（1）工资——支付给员工的劳动报酬 （2）广告宣传费用——商品的电视广告费，宣传单的设计、制作、分发费用，网络广告的费用等 （3）运输费用——把商品运输到顾客手中产生的运费 （4）场地租金——租赁办公场所、店铺的租金 （5）折旧费——固定资产的折旧，使资产价值降低而形成的费用 （6）外包费——把业务外包给其他公司所产生的费用

了解了销售费用、管理费用的具体内容之后，我们可以发现，不同企业的相关费用大不相同。有的企业会花重金用于广告宣传，有的企业则不会花太多钱做广告。在了解一家企业的时候，通过详细分析销售费用、管理费用，我们可以发现很多东西。

什么叫主营业务	每个公司都有自己的公司章程。章程中会明确记载公司的经营内容，这便是主营业务。 举例来说，如果一家采购苹果再进行销售的企业，公司章程中就会记载"采购、销售苹果"。这家公司的主营业务就是采购、销售苹果，苹果的销售额在会计报表中计为主营业务收入。如果该公司除了采购、销售苹果的主营业务还有其他业务，那么其他业务获得的收入就计为营业外收入。

5 个利润之（3）——经常性净利润

○（3）经常性净利润

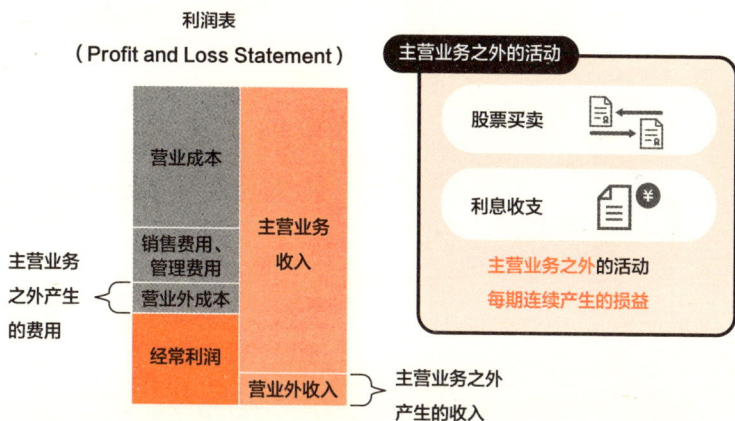

利润表
（Profit and Loss Statement）

营业成本

销售费用、管理费用

营业外成本

经常利润

主营业务之外产生的费用

主营业务收入

营业外收入 — 主营业务之外产生的收入

主营业务之外的活动

股票买卖

利息收支

主营业务之外的活动
每期连续产生的损益

（3）是经常性净利润。经常性净利润是最能反映公司实力的一个指标。

经常性净利润是由主营业务获得的利润加上主营业务之外获得的收入（营业外收入），再减去营业外成本。

举例来说，一家公司除了主营业务，还在持续地进行股票投资，如果投资股票产生收益的话，虽然也对公司的整体利润做出了贡献，却不是主营业务赚取的。

那么，投资股票获得的利润就计入营业外利润，产生的费用计入营业外成本。

因为营业外利润是公司持续获得的利润，因此能够反映一家公司的实力。

5个利润之（4）、（5）——税前当期净利润、当期净利润

○（4）税前当期净利润

利润表

（Profit and Loss Statement）

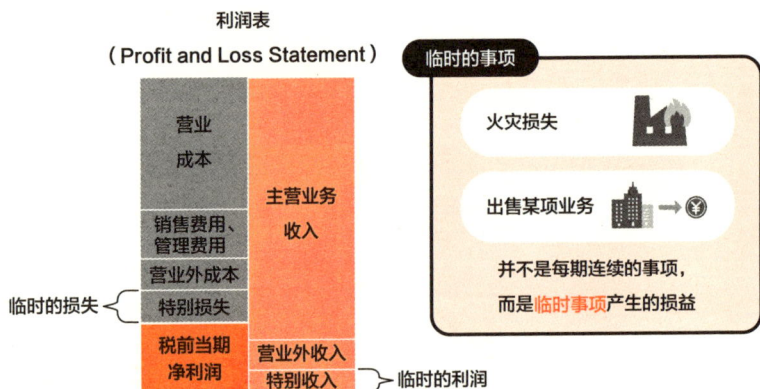

临时的事项

火灾损失

出售某项业务

并不是每期连续的事项，而是**临时事项**产生的损益

营业成本

销售费用、管理费用

营业外成本

主营业务收入

特别损失

临时的损失

税前当期净利润

营业外收入

特别收入

临时的利润

（4）是税前当期净利润。

税前当期净利润，是把某个特定时期内发生的所有事项进行合计之后计算出的利润。即用经常性净利润加上"并非每期都会发生的事项"（例如，火灾或出售公司某项业务）所产生的损益。

另外，从税前当期净利润中减去法人税等税金，就得到了（5）的"当期净利润"。

○ 利润表中各种利润的总结

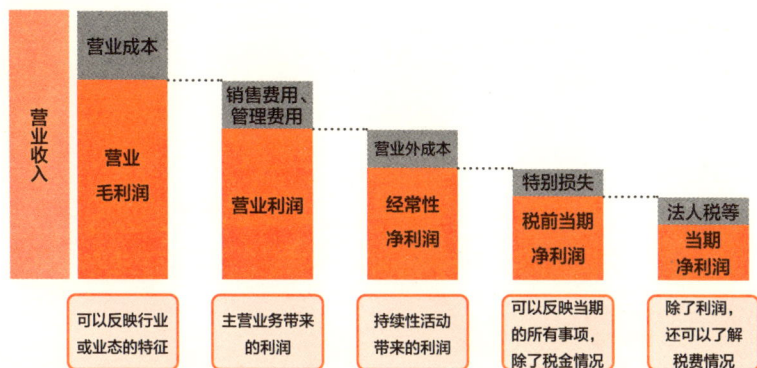

可以反映行业或业态的特征	主营业务带来的利润	持续性活动带来的利润	可以反映当期的所有事项，除了税金情况	除了利润，还可以了解税费情况

从营业收入中减去各种成本、费用，最后就只剩当期净利润了。

各个阶段的利润分别是：销售商品的利润（营业毛利润），主营业务利润（营业利润），主营业务利润加上主营业务之外的损益得到的利润（经常性净利润），再加上当期发生的特殊事项所造成的损益得到的利润（税前当期净利润），支付税金后的利润（当期净利润）。

○ 利润表的总结

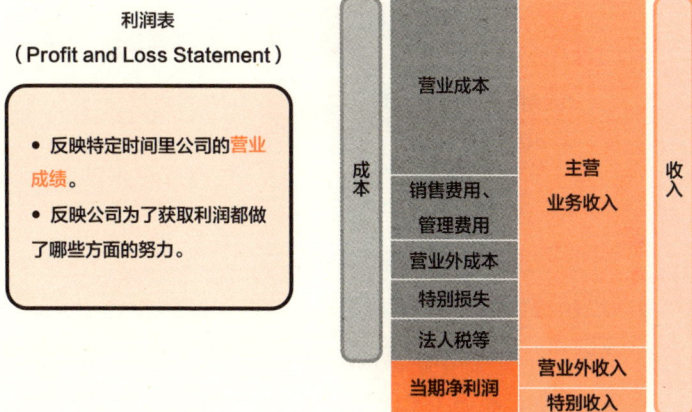

利润表
（Profit and Loss Statement）

• 反映特定时间里公司的营业成绩。
• 反映公司为了获取利润都做了哪些方面的努力。

下面我们把之前学习的内容总结一下。

什么是利润表？

- 收入：是企业通过经营活动产生的成果。
- 成本：是为了获得收入而付出的必要努力。
- 利润：收入 − 成本 ＝ 利润。
- 利润表：由"收入""成本"和"利润"三大要素构成。
- 利润表反映特定时间内公司的经营成绩，以及为了获取利润，公司做了哪些努力。

我们再回到开头提的那个问题：下面是哪个行业的利润表？

根据利润表判断行业

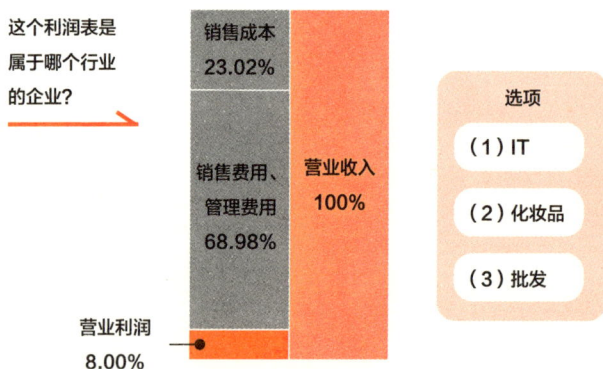

这个利润表是属于哪个行业的企业？

销售成本
23.02%

销售费用、管理费用
68.98%

营业收入
100%

营业利润
8.00%

选项

（1）IT

（2）化妆品

（3）批发

提示

- 先分别考虑各个行业会产生哪些成本和销售费用、管理费用。
- 利润表中的成本可以反映"企业的经营战略"。举例来说，成本相同的两种商品，售价高的商品，成本率就低；反之，售价低的商品，成本率就相对较高。由此，定价的不同，将造成成本率的不同。

● 销售费用、管理费用的多少也可以在一定程度上反映企业的经营战略。举例来说，雇用很多销售人员大力推行销售战略的企业，"人工费"应该很多。大量做电视广告的企业，"广告宣传费"肯定很多。

公布答案，正确答案是（2）——化妆品。这是化妆品企业"资生堂"的利润表（※ 资生堂 2017 年 12 月的数据）。

在化妆品的原材料中，最大的一部分就是水，因此成本很低。不过，因为化妆品推陈出新比较快，而且竞争对手很多，所以不在广告、营销上大量投入的话，就很容易遭到市场的淘汰。因此，大多数化妆品企业都会投入大量资金做电视广告、网络广告。

综上所述，化妆品企业的利润表有一个特征，就是成本低，但销售费用、管理费用高。

来参加我在 Twitter 每周举办的
会计竞猜活动吧

　　初次见到各种财务报表，也许大家都会头痛，但随着看的次数不断增多，慢慢也能理解其中的一些奥秘了。因此，要想学会解读财务报表，我认为很重要的一点就是增加自己接触财务报表的机会。

学会解读财务报表
会计谜题竞猜
每周日 21 点 Twitter 发布

已关注

大手町的随机漫步者
@OTE_WALK

【创造一个让所有人都能读懂财务报表的世界】我运用有帮大家读懂财务报表的→ # 会计谜题竞猜封闭社区→ # 金融理财实验室。如果能借此激发大家对会计知识、金融理财的兴趣，我就无比满足了。每周日晚上 9 点，我会准时发布竞猜谜题！联络方式→ info@funda.jp

◎ 日本　东京　大手町　𝒫 instagram.com/ote_walk/

🖩 2017 年 12 月开始使用 Twitter

411 评论　3.4 万粉丝

（※ 上述信息更新于 2020 年 3 月）

读完这本书后，如果您还想继续深入地学习财务知识，解答更多的会计谜题，可以关注"大手町的随机漫步者"的 Twitter，参与我每周举办的会计谜题竞猜活动。

每周日晚上 9 点，我会准时在 Twitter 发布会计竞猜谜题。感兴趣的朋友请一定来试试，希望您根据自己的视角、知识和经验，发表自己的答案和根据。到目前为止，在我的会计谜题竞猜下发表评论的朋友，男女老少都有，既有门外汉也有会计专家，大家都可以畅所欲言。希望以后有更多的朋友来一起讨论、交流、学习。

如果能以这本书为契机，帮更多的朋友激发出对会计知识的兴趣，我将感到万分欣喜！

1

【零售】不要被成本率的数字游戏给骗了（BOOKOFF、日本 711 和 CAN DO）

只看表面数字的话，容易产生误解

关于利润表的第一个问题，围绕三家知名大型零售企业展开。但是我先提醒大家一下，这次的题可是有陷阱的哟。

大家平时对这三家企业的印象和它们实际的利润表，还是有挺大差距的。

废话不多说，我们一起来看看吧。

Q 问题：
下面哪一个是 711 的利润表？

哪一个是 711
的利润表？

（1）	（2）	（3）

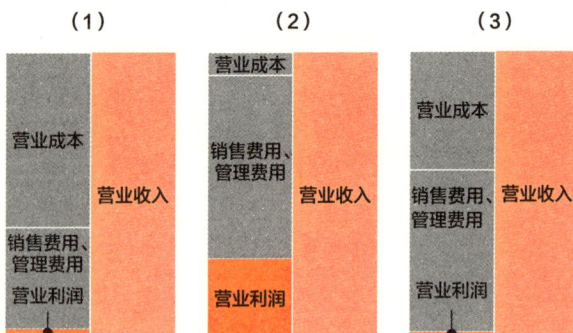

（1）营业成本／销售费用、管理费用／营业利润／营业收入

（2）营业成本／销售费用、管理费用／营业利润／营业收入

（3）营业成本／销售费用、管理费用／营业利润／营业收入

从商品进行分析

职业投资人大壮：首先，我们来分析一下各家企业经营的商品。

销售小姐姐：好的。CAN DO 我倒是经常光顾，各种商品都是 100 日元。因为商品价格已经定了，也没法涨价，所以我觉得它们的成本率很难下降，利润应该也不多。

银行职员小明：711 是便利店，经营的商品种类繁多，但在我印象中盒饭等食品是最主要的。我听说食品的成本率在三成左右，成本率是不是有点偏高？

大学生老弟：BOOKOFF，据我了解，它们先从顾客手中收购二手书籍和其他二手商品等，然后再销售。举个极端点的例子，如果它们花 10 日元收购了一本二手书，然后再以 250 日元的价格出售，那成本率就很低了。

职业投资人大壮：刚才大家都谈到了成本率，那么我就看看各家公司的营业成本吧。

大学生老弟：看三个利润表，有一个的营业成本明显很少，就是（2）。我猜（2）可能是 BOOKOFF。

从销售、管理费入手进行分析

银行职员小明： 假定（2）是 BOOKOFF 的话，那（1）和（3）中应该有一个是 711。

职业投资人大壮： 再看看销售费用、管理费用呢？

大学生老弟： 销售费用、管理费用……都包含哪些费用？

职业投资人大壮： 人工费、店铺的水电气费等。

销售小姐姐： 711 有很多店铺，而且都是 24 小时营业，那么员工的工资、水电气费等应该很多吧？

银行职员小明： 这样说的话，从（1）和（3）中选，（3）应该是 711。

职业投资人大壮： 嗯……但是如果（2）是 BOOKOFF 的话，怎么会有那么高的营业利润呢？它可是零售企业呀。

大学生老弟： 小熊哥，（3）是 711。对不对？

大手町小熊哥： 非常遗憾！正确答案是——（2）。

（2）是711的
利润表。

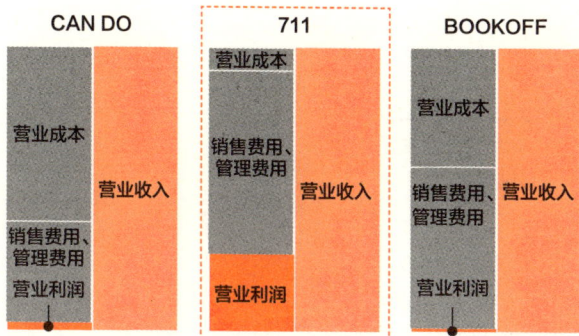

CAN DO	711	BOOKOFF
营业成本	营业成本	营业成本
	销售费用、管理费用	销售费用、管理费用
营业收入	营业收入	营业收入
销售费用、管理费用		
营业利润	营业利润	营业利润

大学生老弟：（2）是711？不会吧！711的成本率那么低吗？

销售小姐姐：711的商品种类那么多，损耗也大，我一直认为它们的成本率应该很高才对。

大手町小熊哥：关于这个问题，很多人都存在误解。大家在看利润表时，我希望大家注意一点——利润表中并没有显示公司所销售的商品的成本率。为了防止被成本率的数字游戏所欺骗，大家不能只关注表面的数字，还要认真分析企业的商业模式和经营形态。

也就是说，711的主要收益源不是来自"卖东西"。我将711的收入结构，用图表总结如下。

正确答案是（2）。从利润表看，711的成本率只有7.7%，很令大家吃惊吧？

不过，虽然利润表中显示的成本率为7.7%，但711实际上的成本率要比这个数值高。

为什么会出现这种情况呢？因为711的营业收入包括"特许加盟店（FC）"和"直营店"两部分的收入。成本则只显示"直营店"的成本。

711 的收入结构

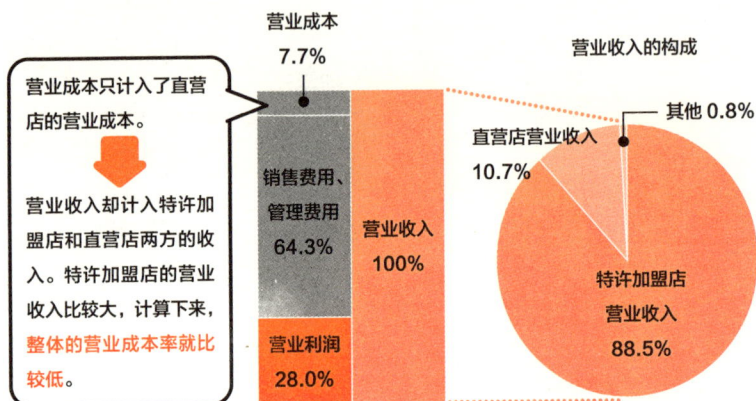

营业成本
7.7%

营业收入的构成

营业成本只计入了直营店的营业成本。

↓

营业收入却计入特许加盟店和直营店两方的收入。特许加盟店的营业收入比较大，计算下来，**整体的营业成本率就比较低**。

销售费用、管理费用
64.3%

营业收入
100%

营业利润
28.0%

其他 0.8%

直营店营业收入
10.7%

特许加盟店
营业收入
88.5%

　　这里出现了一个新词——"特许加盟"，下面我就详细讲解一下"特许加盟"的含义。

特许加盟的规则

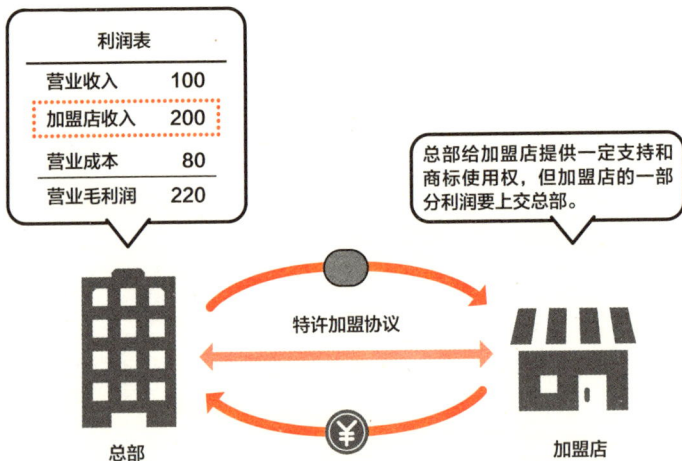

利润表	
营业收入	100
加盟店收入	200
营业成本	80
营业毛利润	220

总部给加盟店提供一定支持和商标使用权，但加盟店的一部分利润要上交总部。

总部

特许加盟协议

¥

加盟店

总部的利润表中，**从加盟店获得的收入计入净利润**，所以**利润率有偏高的倾向**。

特许加盟的经营方式，在便利店等行业比较常见。总部会给加盟店商标使用权，并在经营上给予一定的支持。相应的，作为加盟费，加盟店要把一部分利润上交总部。

换句话说，加盟店的一部分利润会计入总部的利润表中，但加盟店负担的成本，却不会计入总部的利润表。

因此，便利店行业总部的利润表中，就会出现利润率偏高（成本率偏低）的倾向。

如果只看711直营店的话，直营店的成本率和其他两家零售业企业相比，又会是什么样的情况呢？请看下面的比较图。

这样一比较您就会发现，在三家公司中，711直营店的成本率最高。

有些朋友可能会认为："711会开发自主品牌的商品，而自主品牌商品的成本率不是比较低吗？"可是您想过没有，711自主品牌的商品以关东煮、盒饭等食品为主，来店里购买关东煮和盒饭的客户很多。但是，食品会出现过期损耗，过期损耗比较多的话，成本率也不会降到哪里去。

○ 三家企业成本率对比

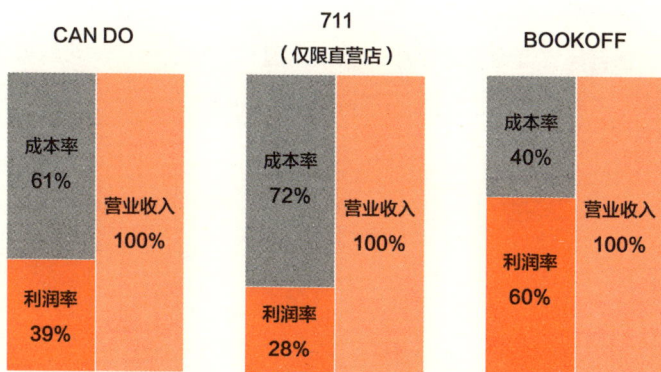

| CAN DO | 711（仅限直营店） | BOOKOFF |

CAN DO
成本率 61%
利润率 39%
营业收入 100%

711（仅限直营店）
成本率 72%
利润率 28%
营业收入 100%

BOOKOFF
成本率 40%
利润率 60%
营业收入 100%

若只比较三家公司商品销售的成本率和利润率，
711的成本率最高

下面我们来看现实中 711 的实际利润表。

◯ 711 的实际利润表

利润表（2018 年 3 月 1 日至 2019 年 2 月 28 日）　　　　　　　　　　　　（单位：百万日元）

		加盟收入	
【营业总收入】			【873,555】
来自加盟店的收入			773,954
（加盟店的销售额为 4,803,852 百万日元，加盟店和			
直营店的合计销售额为 4,898,872 百万日元）			
其他营业收入			6,094
销售额	（93,506）		93,506
营业成本	（66,866）		66,866
销售毛利润	（26,639）		
营业毛利润		直营店收入	806,688
销售费用、管理费用及一般管理费用			561,600
营业利润			245,088

如我前面所说，直营店的成本要计入总部利润表，对于加盟店则只计入利润。

从营业收入我们可以看出，来自加盟店的利润收入是直营店营业收入的 7 倍之多。这样一来，把直营店和加盟店的收入合计起来计算的话，成本率就会很低。

由此可见，只看表面数字的话，711 的成本率很低，但这并不表示 711 所销售的商品的成本率低。所以，不事先了解企业的经营模式的话，就容易误读财务报表中的数字。因此，我们除了学习财务报表的知识，还要研究企业经营模式等背景知识。

2

【餐饮（咖啡馆等）】根据利润表可以确定企业的客户群体
（DOUTOR、RENOIR 和 KOMEDA）

只站在消费者的角度难以看透全部的商业模式

第二个问题，我们的主角是餐饮行业的咖啡馆。

这个问题的关键点在于——虽然都是咖啡馆，但它们各自的成本、获利方式都不尽相同。

在前一个问题中的 711，看到它实际的利润表，我们很难想到它是零售业的企业。这次的三家公司又会带给我们什么样的挑战呢？

接下来就让我们一起看看吧！

Q **问题：**
下面哪一个是 KOMEDA 的利润表？

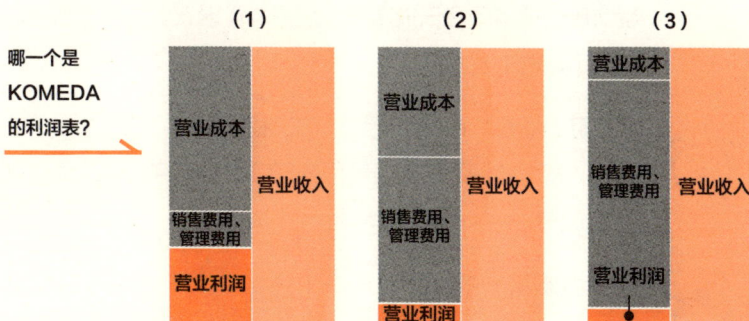

哪一个是
KOMEDA
的利润表？

（1）　　　　　（2）　　　　　（3）

营业成本　　销售费用、管理费用　　营业收入　　营业利润

本次登场的企业

● **DOUTOR**

日本具有代表性的咖啡馆连锁企业。

● **银座 RENOIR**

高级咖啡馆的代表。为顾客提供高档、优雅的环境，但因为单价很高，所以顾客的来店率不高。

● **KOMEDA**

特许加盟店达到95%。发自名古屋的咖啡馆连锁企业。

各公司的商品单价

● **DOUTOR**

一杯咖啡的单价在220～320日元左右。

● **银座 RENOIR**

一杯咖啡的单价在530～650日元左右。

● **KOMEDA**

一杯咖啡的单价在430～550日元左右。

根据成本、销售费用、管理费用进行分析

大学生老弟： 我们先看各家公司利润表的形态，乍看上去，三个利润表中的营业成本和销售费用、管理费用差异比较大。

银行职员小明： 没错，为什么三家公司的成本会相差这么大呢？我平时很少去咖啡馆，但印象中，这三家公司都是卖咖啡的吧？我觉得成本应该都差不多？我听说，通常情况下，餐饮店的成本率在三成左右，销售、管理费能占到五六成。从这个角度来看的话，（1）和（3）的数值不太正常。

大手町小熊哥： 确实。不过，这次我把三家公司的商品单价作为"背景知识"已经告诉大家了，希望大家结合这个信息进行分析。

销售小姐姐： 嗯，虽然都是咖啡馆，但三家公司的咖啡单价相差较大。按照单价从高到低的顺序排列应该是，RENOIR → KOMEDA → DOUTOR。

大学生老弟： RENOIR 的咖啡单价最高，这样来看的话，利润率最高的应该是 RENOIR。从利润表来看，也就是（1）是 RENOIR。

职业投资人大壮：（1）和（2）（3）相比，确实营业利润要高得多。可是……（1）的销售费用、管理费用让我有点疑问。（1）的咖啡单价最高，获利也最多，但它们的成本也最大，这一点让我不敢确认（1）就是 RENOIR。

银行职员小明： 确实如此。单从营业成本上看，我感觉（3）才是 RENOIR。因为它们全是直营店，各店铺的销售费用、管理费用也很大，所以我觉得（3）最符合 RENOIR 的特点。

从特许加盟的视角来考察

职业投资人大壮： 在前一小节的问题中，涉及 711 特许加盟的经营方式。这次的问题，在背景知识中也提到了特许加盟，这个会不会成为一个重要线索呢？

银行职员小明： 从特许加盟的角度来看，KOMEDA 的特许加盟店占到九成以上，根据我们之前在 711 那个案例中学到的知识，加盟店的成本不计入总部的利润表，所以总部的经营成本会非常低，由此可见，（3）可能是 KOMEDA。

销售小姐姐： 前面我们从成本和销售费用、管理费用入手进行分析，得出"（3）可能是 RENOIR""（1）或（2）可能是 KOMEDA"的结论。单纯从成本来看，我感觉（1）是 DOUTOR。因为咖啡单价低，相应的成本率就应该高。不知对不对？

大学生老弟：但是，如果（1）是 DOUTOR 的话，单价低，利润却很高，它们到底是怎样一种经营模式呢？关于这一点我有些疑惑。

职业投资人大壮：是啊，（1）的利润表结构有些奇怪……**作为一家餐饮公司，销售费用、管理费用那么低吗**？综合考虑下来，我觉得（2）可能是 DOUTOR。RENOIR 的咖啡单价高，成本率不会像（1）那么高。另外，因为 RENOIR 都是直营店，销售费用、管理费用应该比较高，所以我觉得（3）应该是 RENOIR。

大手町小熊哥：时间差不多了，大家心里都有最终的答案了吗？

银行职员小明：呃……我们还没讨论完呢。我比较倾向于大壮的意见，（2）是 DOUTOR，（3）是 RENOIR，用排除法，剩下的（1）就是 KOMEDA。小熊哥，对不对？

大手町小熊哥：回答正确！（1）就是 KOMEDA。

正确答案：（1）是 KOMEDA 的利润表 →

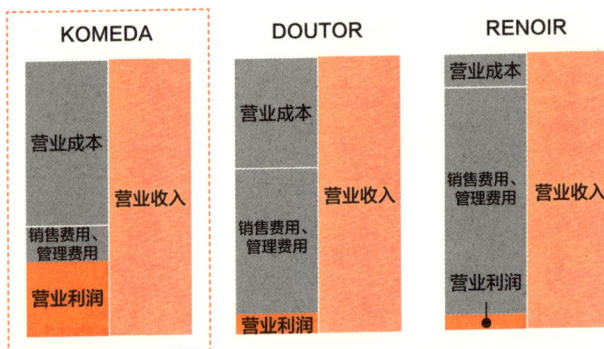

本次问题的关键点在于"仅从消费者角度出发，难以看透企业的全部商业模式"。只有综合商品的定价区间和开店形式，才能推导出

正确的答案。

而实际上，真正的主题是"根据利润表分析出企业的特定客户群体"。前面大家在讨论过程中，大壮提出："（1）的利润表结构有些奇怪。作为一家餐饮公司，销售费用、管理费用那么低吗？"现实中确实如此，（1）的 KOMEDA 在商业模式上与 DOUTOR 和 RENOIR 存在较大差异。

DOUTOR 和 RENOIR 都是把商品直接销售给顾客，采取的是 B to C 的商业模式。而 KOMEDA 不同，它们采用的是"把商品批发给加盟店的 B to B 商业模式"。

我们先来看看 KOMEDA 的开店形式。

在背景知识中提到过，KOMEDA 的加盟店占到了总店铺数的95%，即 904 家店铺中有 860 家是特许加盟店（根据该公司 2018年度的证券报告）。

进一步分析，KOMEDA 公司的主要品牌"KOMEDA 咖啡馆"的全部 862 家店铺中有 835 家是特许加盟店。也就是说，顾客看到的"KOMEDA 咖啡馆"中有 97% 都是特许加盟店。

○ KOMEDA 的开店形式

子品牌	地区	前一会计年度末	新开店铺	撤店	当前会计年度末
KOMEDA 咖啡馆	东日本	218（7）	19（2）	—（—）	237（18）
	中部	339（2）	1（—）	9（—）	331（2）
	西日本	228（3）	32（1）	—（—）	260（4）
	海外	5（1）	2（2）	—（—）	7（3）
恩惠庵	全国	8（1）	1（1）	—（—）	9（3）
温柔白胡椒	全国	7（7）	16（14）	7（7）	16（14）
合计		805（21）	71（20）	16（7）	860（44）

（注）1. 括号内的数字为直营店数量

2. KOMEDA 的店铺总数中包含"温柔白胡椒"的店铺数。

3. 除去表格中新开店铺、撤店，通过企业收购，在东日本地区以及"恩惠庵"的直营店铺，合计增加了10 家店。

KOMEDA 咖啡馆的特许加盟店占到了店铺总数的 97%

在前一小节讲711问题的时候我已经讲过，采取特许加盟形式开展经营的企业，总部给加盟店提供商标使用权和开店、经营的一些支持，同时会向加盟店收取加盟费。

以711为例，利润表中利润的大半来自特许加盟店上缴的利润（加盟费）。

那么，绝大部分店铺都是加盟店的KOMEDA，是否也和711一样，利润的大半来自加盟店呢？

为了确认这个问题，我们先看一下KOMEDA营业收入的详细情况。

○ KOMEDA 营业收入的详细结构

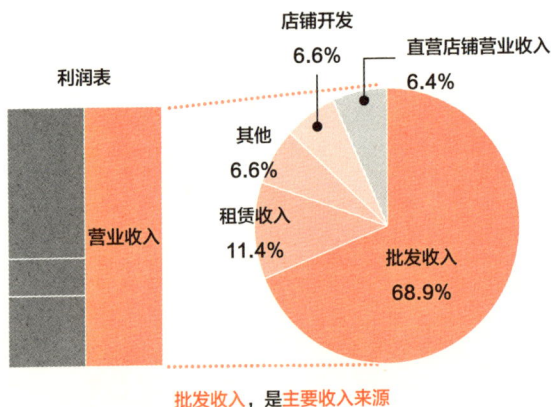

利润表

营业收入

店铺开发 6.6%

直营店铺营业收入 6.4%

其他 6.6%

租赁收入 11.4%

批发收入 68.9%

批发收入，是**主要收入来源**

看了营业收入的详细结构之后，我们知道 KOMEDA **的主要收入来源是批发收入**，其次是租赁收入。在收入中找不到加盟费一项。从收入结构我们可以窥见 KOMEDA 的一些经营秘密。

KOMEDA 的经营模式，是向特许加盟店批发咖啡豆等商品。也就是说，它们的利润表结构和成本率高但销售费用、管理费用相对较小的批发行业相似。KOMEDA 对特许加盟店基本上不收取加盟费，总部和加盟店的关系是共存共荣的关系。所以在收入详细结构中没有加盟费一项。

⭕ KOMEDA 的商业模式

主要收入来源

批发

KOMEDA 公司

采购

KOMEDA 总部

供应商

特许加盟店

直营店

⭕ 各公司的主要销售对象

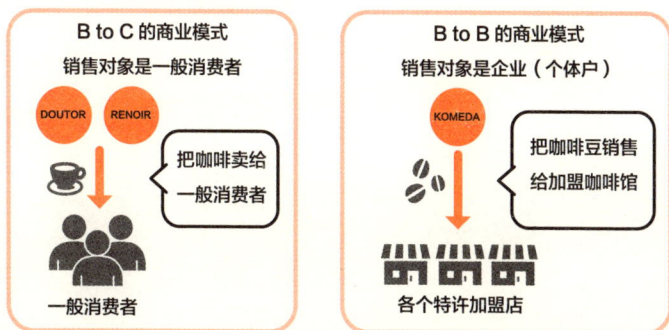

B to C 的商业模式
销售对象是一般消费者

DOUTOR　RENOIR

把咖啡卖给
一般消费者

一般消费者

B to B 的商业模式
销售对象是企业（个体户）

KOMEDA

把咖啡豆销售
给加盟咖啡馆

各个特许加盟店

DOUTOR 和 RENOIR 是以一般消费者为对象的咖啡馆。

但 KOMEDA 的销售对象是特许加盟店，所以 KOMEDA 的商业模式是 B to B。

因为 KOMEDA 采取了 B to B 的商业模式，也就是说它们事先已经确定了销售对象，在开新的加盟店的时候，不需要付出昂贵的开店费用（主要是人工费），后期也不需要承担加盟店的水电气费，因此，

和 DOUTOR、RENOIR 相比，KOMEDA 的销售费用、管理费用要
低很多。

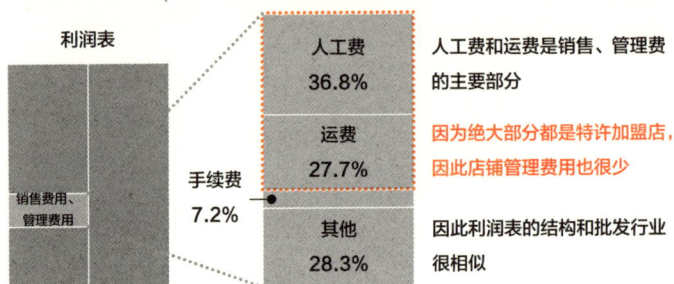

○ KOMEDA 的销售费用、管理费用

利润表

| 人工费 36.8% | 人工费和运费是销售、管理费的主要部分 |
| 运费 27.7% | 因为绝大部分都是特许加盟店，因此店铺管理费用也很少 |

手续费 7.2%

销售费用、
管理费用

| 其他 28.3% | 因此利润表的结构和批发行业很相似 |

为什么前泽先生要给我发压岁钱

大家知道 ZOZO 株式会社的前董事长前泽先生吗？前泽先生宣布，从 2020 年新年开始，给大家发压岁钱，美其名曰"＃前泽压岁钱"。将有 100 名幸运儿获得前泽先生的压岁钱，每人 100 万日元。合计下来，前泽先生要破费 1 亿日元。这个计划一出，前泽先生立刻成为大家议论的话题。

前泽先生作为公司的股东，一年的报酬有多少呢？我们可以从公司的证券报告书中找到答案。据 2019 年 3 月证券报告中的记载，前泽先生前一年的报酬是 1.8 亿日元。

大学生老弟： 收入 1.8 亿日元，拿出 1 个亿给大家发压岁钱，前泽先生真够大方的。

实际上，前泽先生还有一个收入来源。那就是"股息红利收入"。

所谓股息红利，是指根据股东持有公司股票数量分配的红利。前泽先生是 ZOZO 株式会社的经营者兼股东。在 ZOZO 被雅虎收购之前，前泽先生持有 ZOZO 超过 1 亿股的股票。

2019 年 3 月的财务报告显示，该公司 1 股分红 24 日元。那么，前泽先生获得了超过 24 亿日元的股票分红。

另外，在雅虎收购 ZOZO 的时候，前泽先生几乎卖掉了他所持有的全部 ZOZO 股票，借此他套取了大量的现金。这样一来，发放 1 亿日元的压岁钱，对前泽先生来说简直是九牛一毛。我个人以后也会持续关注前泽先生的动态，看他还能做出什么出人意料的举动。

3

【零售】发现企业的潜在竞争对手（PPIH 和 COSTCO）

看透企业的着力点在哪里

在本小节中登场的企业是日本人熟知的堂吉诃德大型连锁超市（因为价格非常便宜），和销售额世界第二的零售业巨子——COSTCO。

和前面两个问题相比，这道题要简单一点。我们一起来看看吧。

Q 问题：
下面哪一个是 COSTCO 的利润表？

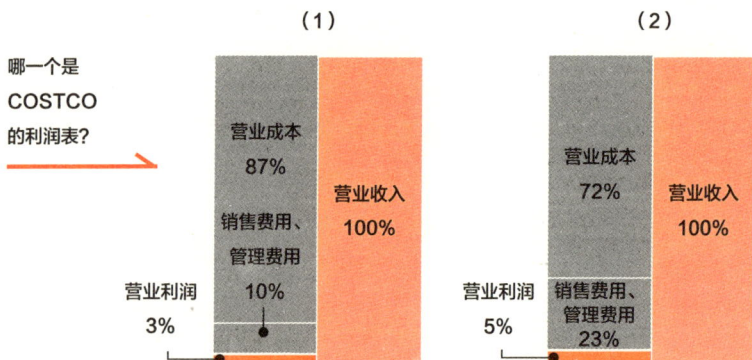

（1）　　　　　　　　　（2）

哪一个是
COSTCO
的利润表？

	（1）
营业成本 87%	营业收入 100%
销售费用、管理费用 10%	
营业利润 3%	

	（2）
营业成本 72%	营业收入 100%
销售费用、管理费用 23%	
营业利润 5%	

大学生老弟： 和以前问题中出现的利润表相比，这次两家公司的利润表结构比较相似。

职业投资人大壮： 从利润表的结构中似乎不容易找到突破口。我们先来想想堂吉诃德超市和 COSTCO 的主要差别在哪里。

销售小姐姐： 我偶尔会和朋友一起去 COSTCO 购物，那里是会员制的。要想购物，必须先缴纳会费成为它们的会员。因此，除了商品销售的利润，它们还会赚取一笔会员费。那是不是说，COSTCO 的利润会高一些呢？

大学生老弟： 确实。但是，成为它们的会员之后，几乎可以用接近进货成本的价格购买商品了。它们的利润也不会太高吧？

银行职员小明： 原来是这样……那么，COSTCO 的成本率实际上应该更高一些，也就是说，（1）可能是 COSTCO。

职业投资人大壮： 两家店的营业时间有什么差别呢？

大学生老弟： 堂吉诃德 24 小时营业的店铺比较多，所以，堂吉诃德的人工费、水电气费、销售、管理费应该高一些。所以我觉得（2）应该是堂吉诃德。

银行职员小明： 24 小时营业的堂吉诃德，销售费用、管理费用应该比较多，（2）更符合它的特点。而 COSTCO 有会员的会费收入，但以接近进货成本的价格把商品卖给会员，成本率比较高，所以（1）应该是 COSTCO。

大手町小熊哥： 没错！（1）就是 COSTCO 的利润表。

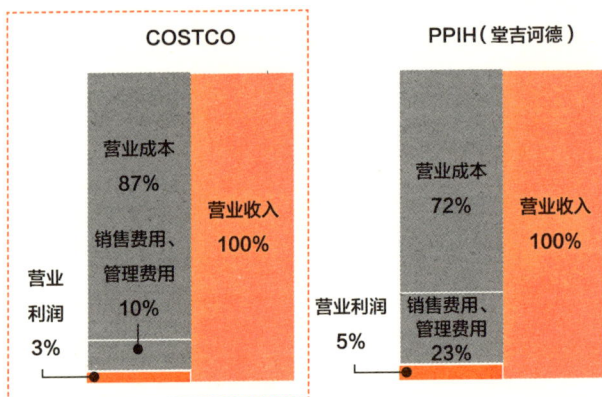

（1）是
COSTCO
的利润表

→

COSTCO

| 营业成本 87% | 营业收入 100% |

销售费用、管理费用 10%

营业利润 3%

PPIH（堂吉诃德）

| 营业成本 72% | 营业收入 100% |

销售费用、管理费用 23%

营业利润 5%

可能有些朋友不知道 COSTCO 是会员制的超市，所以影响了判断。会员每年要缴纳一定的会员费。COSTCO 从供货商那里进货，然后以接近进货成本的价格把商品卖给会员，这是它们的商业模式。

○ COSTCO 的商业模式（1）

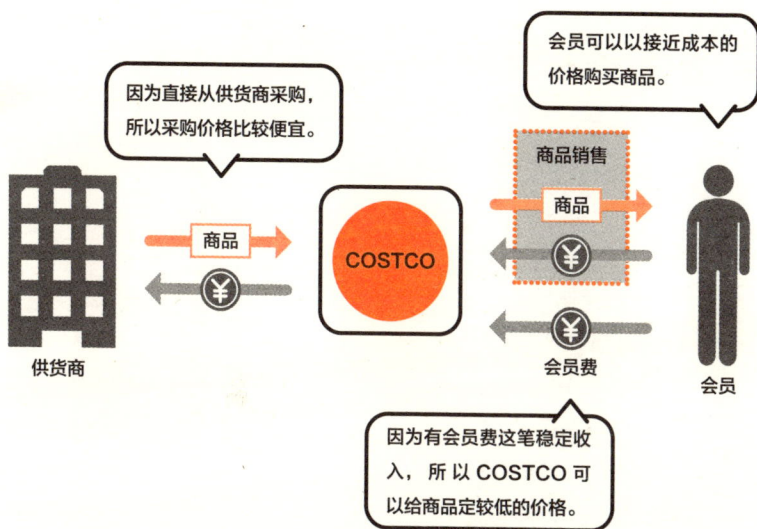

会员可以以接近成本的价格购买商品。

因为直接从供货商采购，所以采购价格比较便宜。

商品销售

商品

COSTCO

会员费

供货商

会员

因为有会员费这笔稳定收入，所以 COSTCO 可以给商品定较低的价格。

如果分析 COSTCO 营业利润的详细结构的话，我们会发现其中 70% 来自会员费。由此可见，如果不收会员费的话，COSTCO 的利润率就很低了〔请参见下一页的"COSTCO 的商业模式（3）"〕。

○ COSTCO 的商业模式（2）

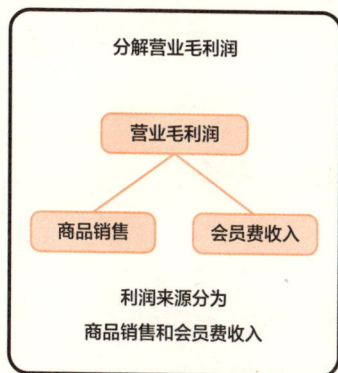

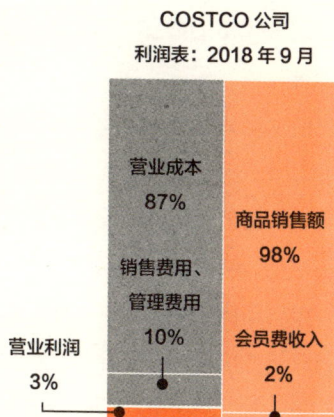

分解营业毛利润

营业毛利润

商品销售　　会员费收入

利润来源分为商品销售和会员费收入

COSTCO 公司
利润表：2018 年 9 月

营业成本 87%

销售费用、管理费用 10%

营业利润 3%

商品销售额 98%

会员费收入 2%

"会员人数增加，利润就会增加。"所以，COSTCO 会想方设法吸引更多的顾客成为自己的会员。

○ COSTCO 的商业模式（3）

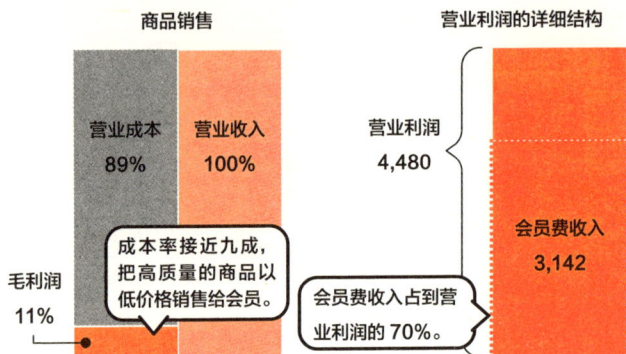

商品销售

营业成本 89%	营业收入 100%

毛利润 11%

成本率接近九成，把高质量的商品以低价格销售给会员。

营业利润的详细结构

营业利润 4,480

会员费收入 3,142

会员费收入占到营业利润的 70%。

顺便介绍一下，在日本城市的一些小巷子里，会有一些打着"成本价 BAR"的酒吧。它们的经营模式和 COSTCO 相似。

进入成本价 BAR 中，要先交入场费，然后就可以以成本价购买酒水。这也是靠入场费盈利的一种商业模式。所以，这样的酒吧不会在意卖了多少酒水，而是在意吸引了多少人入场。

我们再来看堂吉诃德超市。堂吉诃德超市的一个看家本领就是在店里陈列大量的商品，它们称之为"压缩陈列"。在店里购物，就像在寻宝一样，乐趣无穷。因为商品陈列的密度非常大，顾客接触一种商品的次数也就增加了，据说这样可以刺激顾客的购买欲望，提高销售额。

"从劳力士手表到卫生纸"，来到堂吉诃德可以买到绝大多数日用消费品。它就是一个百货公司。

堂吉诃德的销售额构成中，食品占 34.5%，非食品占 65.5%。尤其是食品的价格，特别便宜，被顾客称为"超低价殿堂"。

因为售价超级低，所以堂吉诃德的食品成本率高达 83.1%。

○ 堂吉诃德的基本战略

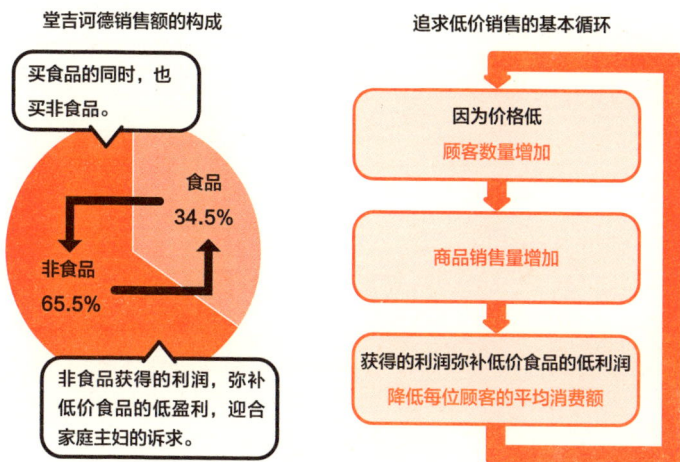

堂吉诃德销售额的构成

买食品的同时，也买非食品。

食品
34.5%

非食品
65.5%

非食品获得的利润，弥补低价食品的低盈利，迎合家庭主妇的诉求。

追求低价销售的基本循环

因为价格低
顾客数量增加

商品销售量增加

获得的利润弥补低价食品的低利润
降低每位顾客的平均消费额

　　那么，堂吉诃德是怎么盈利的呢？靠的就是"追求低价销售的基本循环"。

　　食品的定价超级低，使每位顾客的平均消费额降低了，这会吸引更多的顾客来店购物。顾客数量增加了，商品的销售数量也会相应增加。由此获得的利润可以弥补低价食品的低利润。这就是所谓"追求低价销售的基本循环"。

　　食品的成本率较高，非食品的成本率较低，顾客同时购买食品和非食品的时候，非食品的利润可以弥补食品的低利润，从而使平均利润令商家满意。而超低的食品价格，是吸引家庭主妇的利器。

　　我们看一下堂吉诃德的各项实际经营指标就会发现，随着顾客数量的增加，商品销售数量也会增加，但成本率一直保持稳定，不过每位顾客的平均消费额有下降的趋势（请参考下页的图表）。

堂吉诃德各个经营指标的变化

把 2013 年的数值当作 1，看随后几年的发展变化

1.92 **随着顾客数量的增加，商品销售量也在增加**

1.67

1.47

1.31

1.14

1.00　1.00　1.00　1.00　1.00　1.01 **成本率维持在能够盈利的稳定水平**

0.94　0.92　0.91　0.88　0.86 **每位顾客的平均消费额有下降趋势**

2013　2014　2015　2016　2017　2018

PPIH 的利润表

堂吉诃德销售额的构成

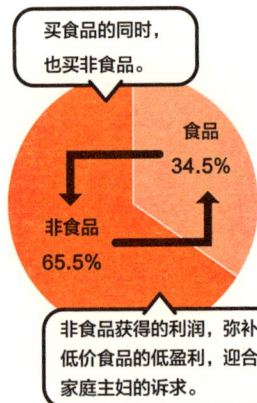

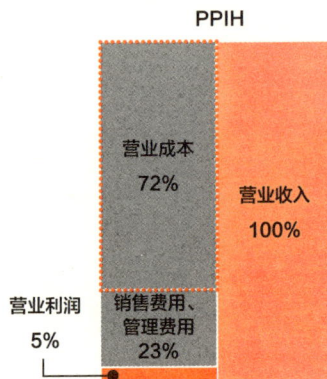

买食品的同时，也买非食品。

食品 34.5%

非食品 65.5%

非食品获得的利润，弥补低价食品的低盈利，迎合家庭主妇的诉求。

PPIH

营业成本 72%

营业收入 100%

营业利润 5%

销售费用、管理费用 23%

　　COSTCO 主要靠会员费来确保利润，所以它们敢于以接近成本的低售价销售商品，也正因如此，它们成本率是非常高的。这样的经营模式也决定了 COSTCO 的侧重点不是大力销售商品，而是大力吸引顾客成为自己的会员。

堂吉诃德超市只销售商品，不收取会员费，但超低的食品价格是它们吸引顾客的法宝。来店的顾客数量增加了，商品销售数量也就增加了。顾客在购买超低价格的食品的同时，也可能购买非食品。在非食品中获得的利润，让堂吉诃德敢于继续以超低的价格销售食品，吸引更多的顾客……这个循环就是堂吉诃德的经营方针。

　　由此可见，从利润表中，我们还能读取每家企业的盈利动力在哪里。

4 【服装】利润率是在哪个环节发生变化的（迅销、INDITEX 和岛村）

商品、店铺的设计，也能从利润表中体现出来？

这是有关利润表的最后一个问题了。这次的行业我选择了"服装业"。

登场的企业有三家，第一家是经营 ZARA 品牌的 INDITEX 集团，目前 INDITEX 的服装销售额排名世界第一。另外两家企业是销售额在日本排名第一、第二的迅销和岛村。

虽然这三家都是服装行业的企业，但影响利润的侧重点各不相同，这也是本小节的主题。下面我们就一起看一下吧。

Q 问题：
下面哪一个是迅销的利润表？

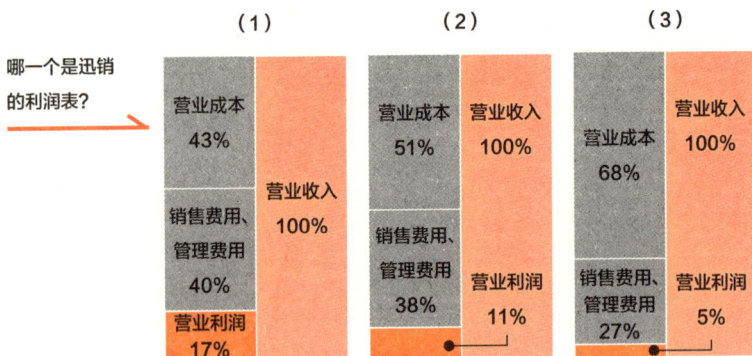

哪一个是迅销的利润表？

（1）

营业成本 43%	营业收入 100%
销售费用、管理费用 40%	
营业利润 17%	

（2）

| 营业成本 51% | 营业收入 100% |
| 销售费用、管理费用 38% | 营业利润 11% |

（3）

| 营业成本 68% | 营业收入 100% |
| 销售费用、管理费用 27% | 营业利润 5% |

登场企业的背景知识

○ 商业模式的差异

自己策划、生产 [1]

● **基础休闲 SPA**

迅销

● **流行时尚 SPA**

INDITEX

采购再销售

● **廉价收购**

岛村

大手町小熊哥： 在大家讨论问题之前，我想先给大家做一个简单的说明。关于 SPA 模式，我们在学习资产负债表的时候已经接触过。这次登场的三家企业中，迅销和 INDITEX 采用了 SPA 模式，即从策划、设计到生产，都是由自家公司完成的。与此相对，岛村就是先采购商品，然后再销售的模式。从商业模式的差异，大家分析一下哪一个是迅销的利润表？

从成本率进行分析

大学生老弟： 嗯……SPA 模式和采购再销售，感觉后者的成本率要高一些。

职业投资人大壮： 是的。采购再销售的话，如果不是从厂家直接进货，就会有代理商或批发商在中间吃差价，毕竟代理商和中间商也要追求利润的嘛。终端销售商的成本率就会比较高。

银行职员小明： 这样看来，（3）的成本率明显高于（1）和（2），所以（3）应该是岛村。

根据商品的特点进行分析

职业投资人大壮： 那么（1）和（2）分别又是哪家公司呢？

大学生老弟： 下面说一下我的直觉。我感觉优衣库和 ZARA 的商品在"保质期"方面是有差异的。虽然服装不是食品，但也有"保质期"，或者叫"保鲜期"。ZARA 的服装多是时下流行的款式，流行的缺点就是容易过时。但优衣库的服装以基础休闲款式居多，10 年前的 T 恤或牛仔裤穿出来依然不会过时，受流行趋势影响比较小。由此可见，ZARA 服装的保质期较短，而优衣库服装的保质期较长。

销售小姐姐： 老弟的这个视角很有意思。我沿着老弟的视角继续挖掘，优衣库的衣服不太受潮流的左右，那么一次性可以生产很多，是不是？一次的生产量越大，成本率是不是就越低？也就是说，优衣库的成本率应该比 ZARA 还要低。

职业投资人大壮： 确实，迎合时下潮流的服装容易过时，为了防止日后卖不出去造成积压，一般不会大量生产。

银行职员小明：（1）和（2）相比，（2）的成本率要高一些，也就是说，（2）是 ZARA，对不对？

大学生老弟： 那么，（1）就是迅销。

大手町小熊哥： 错！

大学生老弟： 啊？

大手町小熊哥： 正确答案是（2）！

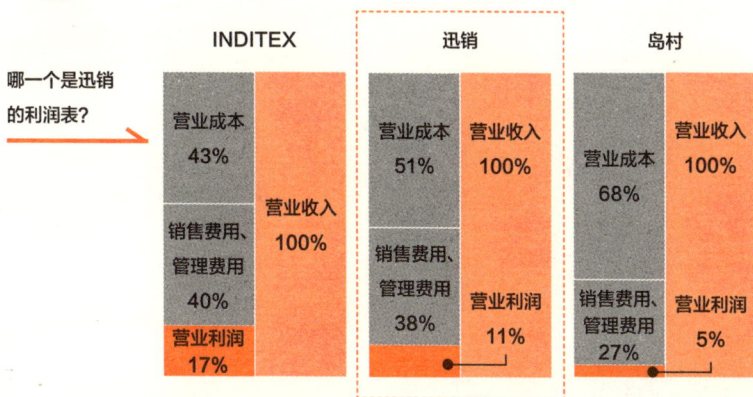

	INDITEX	迅销	岛村

哪一个是迅销的利润表？

商业模式的差异

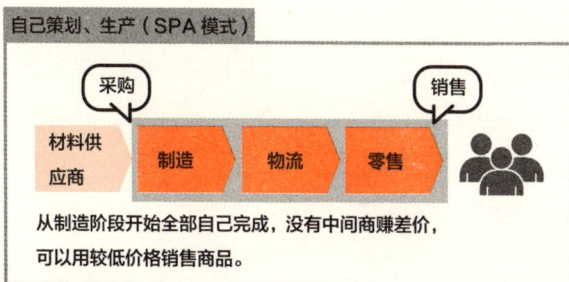

自己策划、生产（SPA 模式）

采购　　　　　　　销售

材料供应商　制造　物流　零售

从制造阶段开始全部自己完成，没有中间商赚差价，可以用较低价格销售商品。

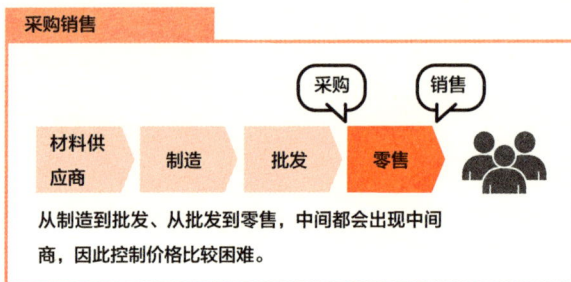

采购销售

材料供应商 → 制造 → 批发 → 零售 → 采购 销售

从制造到批发、从批发到零售，中间都会出现中间商，因此控制价格比较困难。

采购再销售模式与 SPA 模式的对比

从三个利润表中锁定岛村的时候，大家的主要依据是商业模式，可见 SPA 模式和采购再销售模式还是比较容易区分的。

在 SPA 模式和采购再销售模式中，利润率比较低的就是采购再销售模式。采购再销售模式中，可能存在多个中间商，因此想要以较低价格销售商品是不太现实的。

另外，在采购再销售模式中，如何采购到可能热销的商品，非常考验采购者的眼光和水平。

○ Product（产品）：优衣库的服装

优衣库的杂志 *LifeWear* 宣传的理念：优衣库制造让所有人的生活更加丰富多彩的服装。

优衣库的服装具有良好的审美感，又具有一定的合理性，简洁大方且品质出众，而且在细节上也下足了功夫。

优衣库从生活需求汲取灵感，敏锐捕捉潮流变化，并不断加以进化，着力为顾客提供优质的普通着装。

- 从生活需求汲取灵感
- 细节上也下足了功夫
- 简洁大方且品质出众
- 敏锐捕捉潮流变化，不断进化品牌的服装

■ 适合所有人的优质普通着装

主要产品是功能性强的 LifeWear

与潮流时装相比，优衣库服装的"保质期"更长，适合人群更广

本次登场的采取 SPA 模式的两家企业，销售对象是不同的，不知您发现没有？

迅销的销售对象更加广泛，主要提供通用性服装。与此相对，INDITEX 主要针对的是对时尚潮流非常敏感的那部分消费者。

O Promotion（促销）：商品提案型

优衣库消费者的特征
我要买条牛仔裤

在牛仔裤销售区，按照尺码、颜色摆放牛仔裤

来优衣库购物的消费者
大多事先已经确定好要买什么类型的服装

优衣库主要为消费者提供功能性较强的 LifeWear。也就是说，它们销售的服装，"保质期"比较长。

优衣库的这种理念早已渗透入消费者的内心，所以来优衣库购物的顾客，大多事先已经知道自己要买什么类型的服装。

"我要买一条牛仔裤。"

"我想买一件 T 恤衫。"

换句话说，来优衣库的顾客，目的性比较强。

按照顾客的这种目的性和思维方式，优衣库进行了顺水推舟的卖场陈列。比如，牛仔裤会集中在一起，按照尺码、颜色、款型摆放整齐，顾客可以很轻松找到自己想要的商品。

另外，对于目的性比较强的顾客，如果发生库存短缺，顾客没有选购到自己心仪商品的时候，就会对优衣库的信任度大打折扣。为了防止这种情况的发生，优衣库会随时保持充足的库存。

○ Promotion（促销）：商品提案型

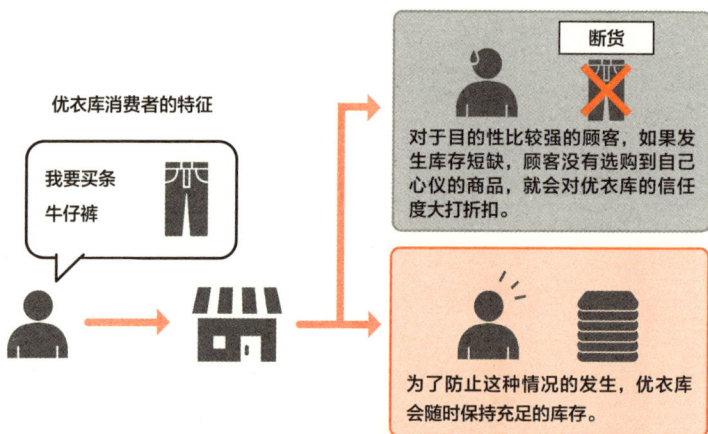

优衣库消费者的特征

我要买条
牛仔裤

断货

对于目的性比较强的顾客，如果发生库存短缺，顾客没有选购到自己心仪的商品，就会对优衣库的信任度大打折扣。

为了防止这种情况的发生，优衣库会随时保持充足的库存。

来优衣库购物的消费者
大多事先已经确定好要买什么类型的服装

接下来我们再看 INDITEX。

○ Product（产品）：提供时尚潮流服装的 ZARA

ZARA 的服装"保质期"短，但非常吸引顾客，因此更新率也非常高
虽然 INDITEX 同样采用 SPA 模式，但和优衣库不同的地方是它们只制造时下畅销的服装

ZARA 为消费者提供的是"保质期"短的时尚潮流服装。

迅销的基本款服装比较多，通用性比较强，所以不管什么时候都比较畅销。因此可以大量生产，也正因为生产量比较大，所以也会经常搞促销，以较大的折扣清理库存（每个星期五我都会收到优衣库的打折宣传单）。

但 INDITEX 与迅销不同，因为它们销售的都是时尚潮流服装，换货很快，所以不需要太多的库存。这也是 ZARA 不经常打折促销的原因。

○ Promotion（促销）：款式提案型

> 在店面最显眼的地方陈列时下最流行的服装款式
> 为消费者提供
> 最时尚的服装款式搭配方案

来 ZARA 的顾客大多事先没有目的性，他们来 ZARA 是为了感受最新的流行趋势，遇到自己喜欢的款式，才会购买。

在 ZARA 店里，会专门设置陈列时下最流行服装款式的区域。所以，即使顾客来店并没有任何目的性，被心仪的款式所吸引，大多也会选择购买。

○ Promotion（促销）：款式提案型

ZARA 消费者的特征

没有特定购买目的，就是喜欢来店里感受潮流时尚。

店里会为顾客提供最流行的服装搭配展示。

在 ZARA 购物的消费者，来店之前大多没有特定的目的

因此，ZARA 不需要太多的库存，存货卖完了，就上新款式了。

○ 商品库存的差异

随时保持充足库存
迅销

只保有最畅销商品
INDITEX

商品的库存量明显不同

前面讲过，迅销需要随时保持充足的库存，但 INDITEX 只保有最畅销商品就行了，卖完了就开始上新款。

从数据上看，迅销的库存周转期是 157 天。

也就是说，从商品进入仓库到卖给消费者，中间需要 157 天时间。

迅销的库存周转期

迅销库存商品（亿）与库存周转期（天）的变化情况

随着商品数量的增加和店铺的扩大
库存周转期呈现逐年递增的趋势

| 库存商品 | 4,648 亿 |
| 库存周转期 | 157 天 |

65 51 58 44 59 57 66 73 67 79 69 86 80 105 119 114 107 111 157

2000 2001 2002 2003 2004 2005 2006 2007 2008 2009 2010 2011 2012 2013 2014 2015 2016 2017 2018
年份

什么是库存周转期

所谓**库存周转期**，是指商品从入库到销售出去中间要花多长时间。

※ 实际业务中，库存周转期这个指标可以用来判断过剩库存或积压库存。

计算公式

$$\frac{\text{库存商品（资产负债表）} \times 365\text{天}}{\text{销售成本（利润表）}} =$$

库存周转期越短，说明销售得越快。

库存周转期越长，说明卖出去需要更长的时间。

　关于库存周转期我再做一个补充说明。所谓库存周转期，就是商品从入库到销售出去中间要花多长时间。

　库存周转期越短，说明销售得越快；越长，说明卖出去需要更长的时间。

○ 什么是库存周转期

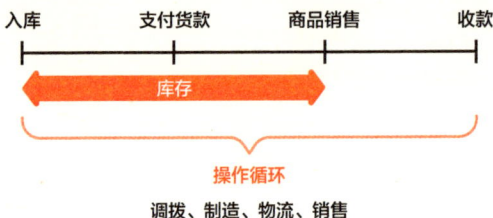

库存周转期 —— 商品从入库到销售出去中间要花多长时间

入库　　　　支付货款　　　　商品销售　　　　收款

库存

操作循环
调拨、制造、物流、销售

基本来说，库存周转期越短越好。
分析每种商品的库存周转期，可以判断畅销商品和滞销商品。

基本来说，库存周转期越短越好。举例来说，假设一家企业经营多种商品，"A 商品以前很快就能售完，可最近 A 商品的库存周转期变长了"（A 商品的销售出现疲软趋势）。根据库存周转期，可以判断哪种商品畅销、哪种商品不好卖。

我们再回到最初的话题。

一家企业库存商品太多的话，如果不能在期限内将其销售完，就面临着降价处理商品的风险。为什么要把积压商品降价处理呢？因为卖场的面积是有限的，虽说有些商品的"保质期"比较长，但为了吸引顾客，不可能一直陈列老商品，必须上新款才能激发顾客的购买欲望。打折促销，就是清理库存的一种方式。清理掉积压商品，好陈列新款商品。因此，优衣库会定期打折清理库存。

○ 两家公司毛利润的差异

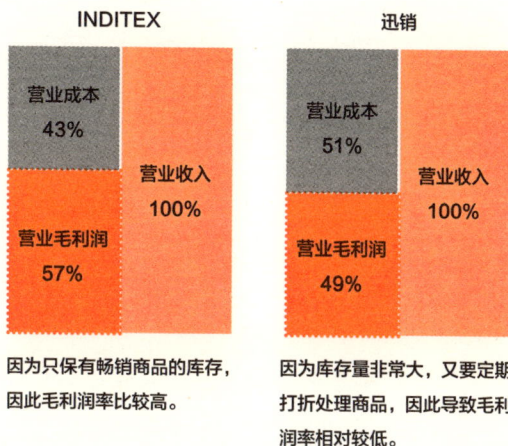

INDITEX

营业成本
43%

营业收入
100%

营业毛利润
57%

因为只保有畅销商品的库存，
因此毛利润率比较高。

迅销

营业成本
51%

营业收入
100%

营业毛利润
49%

因为库存量非常大，又要定期
打折处理商品，因此导致毛利
润率相对较低。

　　打折处理商品的时候，商品的成本没有变化（因为已经制造出来
了），但销售额会下降，所以毛利润率就降低了。因此，经常定期打
折的优衣库，比 INDITEX 的毛利润率要低一些。

Chapter **3**

什么是现金流量表
（C/S）

什么是现金流量表

什么是现金流量表?

所谓现金流量表,简单地讲就是 "计算一家企业的现金、存款增减多少"的财务报表。

现金流量表的英语是 Cash Flow Statement,缩写为 C/S。

您听说过**"黑字破产"**这个词吗?**黑字破产**是指"一家企业账面有利润,但没有现金了,从而无法支付货款,于是招致倒闭"。

公司有盈利还能破产?

有些公司虽然**账面上的利润是正数,现金流却是负数**。

举例来说,顾客在购买商品的时候,他用信用卡支付。

顾客在使用信用卡支付的那个时间点,这笔金额就会计入利润表中的营业收入项目。因为是用信用卡支付,企业实际收到这笔现金会有一个时间延迟。

于是就会出现一种现象,可能在一个月之内,企业的财务报表中**营业收入增加了,可是现金却没有变化**。当然,这个延迟时间可能因企业而异,有的企业可能是一个月,有的可能是几个月。

假设在这一个月的时间内,企业应该支付采购原材料的货款,可是没有现金就没法支付,从而失去信用,很可能导致破产。这就是**利润表上有盈利,可是却没有现金的状态**。

为了防止企业陷入这种状态，应该随时把握现金和存款的余额。另外，对投资家来说，一家企业的现金周转是否顺畅，也是判断是否投资的一个重要标准。

为了了解企业的现金周转情况，现金流量表是一个重要的参考。

企业的"三个活动"指哪些活动？

企业的活动从大的方面看，可以分为"经营活动""投资活动"和"财务活动"。企业通过这些活动会获得一定的"收入"，同时也会向外"支出"一定的资金，现金流量表就是计算"收入"与"支出"之间差额，得出企业拥有多少现金余额的会计报表。

下面我们看一份现实企业的现金流量表，右侧是以图表的形式对这份现金流量表进行的分析。

⭕ 现金流量表的实物与图解

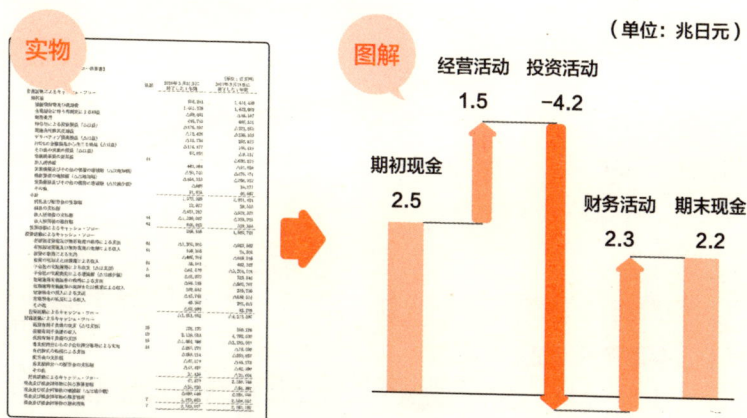

（单位：兆日元）

| 实物 | 图解 |

经营活动 1.5　投资活动 −4.2

期初现金 2.5　财务活动 2.3　期末现金 2.2

左侧是实际企业的现金流量表（本次的例子选取 2016 年度软银集团的现金流量表），右侧是我用图解的形式对该表进行的简单分析。从实物我们可以看出，现金流量表分为众多明细科目。

○ 箭头代表的意义

（单位：兆日元）

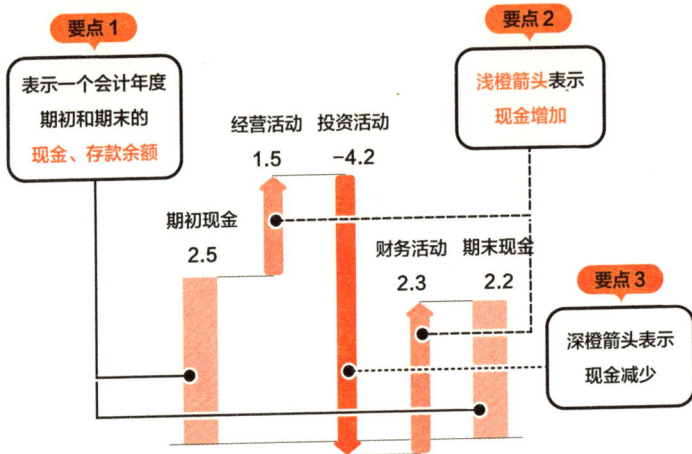

要点 1

表示一个会计年度期初和期末的现金、存款余额

经营活动 投资活动
1.5　　　－4.2

期初现金
2.5

财务活动　期末现金
2.3　　　2.2

要点 2

浅橙箭头表示现金增加

要点 3

深橙箭头表示现金减少

图解中使用的柱状图和箭头所表示的含义，下面我会做详细的解说。

要点 1

左侧的柱状图和右侧的柱状图分别表示一个会计年度期初和期末的现金、存款余额。左侧是期初数值，右侧是期末数值。

要点 2

浅橙色箭头表示在"经营活动""投资活动"和"财务活动"中，**现金、存款余额增加**的情况。

具体到上图中，我们可以看到，经营活动和财务活动是用浅橙色箭头表示的，也就是说，这两项活动使公司的现金、存款余额增加了。

要点 3

深色箭头表示在"经营活动""投资活动"和"财务活动"中，**现金、**

存款余额减少的情况。

　　具体到上图中，我们可以看到，投资活动是用深色箭头表示的，也就是说，投资活动使公司的现金、存款余额增加了。

　　在下面的图表中，我将企业的三大活动在现金流量表中清晰地表示出来了。柱状图的高低代表金额的多少，两色箭头代表金额的减少和增加。

○　现金流量表的大框架

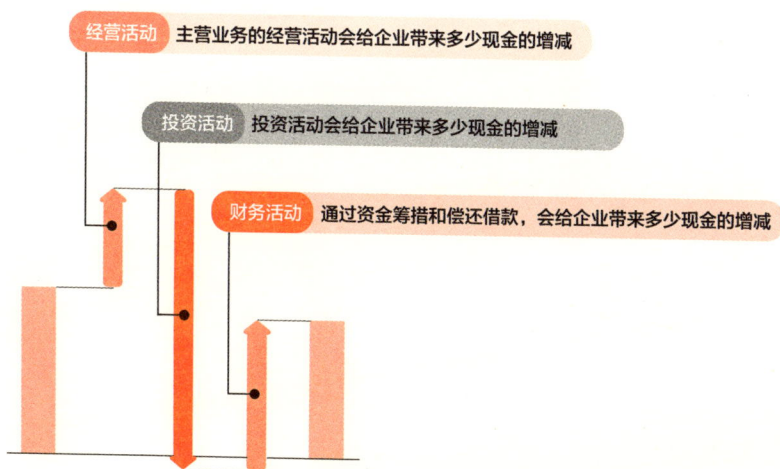

经营活动　主营业务的经营活动会给企业带来多少现金的增减

投资活动　投资活动会给企业带来多少现金的增减

财务活动　通过资金筹措和偿还借款，会给企业带来多少现金的增减

　　再重复一遍，现金流量表中涉及的企业活动主要有三种：

　　A. 经营活动——主营业务的经营活动会给企业带来多少现金的增减；

　　B. 投资活动——投资固定资产、股票等，会给企业带来多少现金的增减；

　　C. 财务活动——通过资金筹措和偿还借款，会给企业带来多少现金的增减。

那么，各种活动又包含哪些具体项目呢？下面我们来分析一下。

a. 经营活动的现金流量表

○ 经营活动的现金流量表

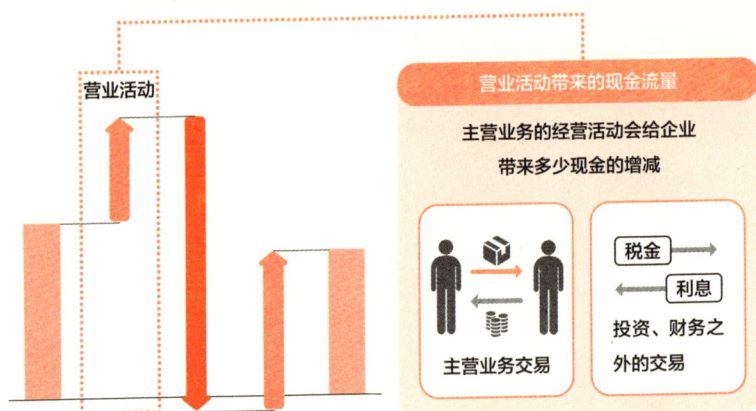

营业活动

营业活动带来的现金流量

主营业务的经营活动会给企业
带来多少现金的增减

主营业务交易

税金
利息

投资、财务之
外的交易

经营活动产生的现金流量（以下简称经营现金流量），记录的是
企业因经营活动而形成的现金流入、流出。

举例来说，如"销售商品而收到的货款""采购原材料支出的货
款""支付广告宣传费时流出的现金"等。

另外，虽然"缴纳税金""因灾害获得的保险赔偿"不属于经营活动，
却算作经营现金流量。

经营现金流量表在企业三大活动的现金流量表中最为重要。经营
现金流量，反映的是企业从事主营业务经营时收入和支出的现金。在
很多情况下，**企业的经营者更关心经营现金流量是否为正数，这个数
值甚至比企业能否盈利更为重要。**

经营现金流量表的解读方式

⭕ 经营活动的现金流量表

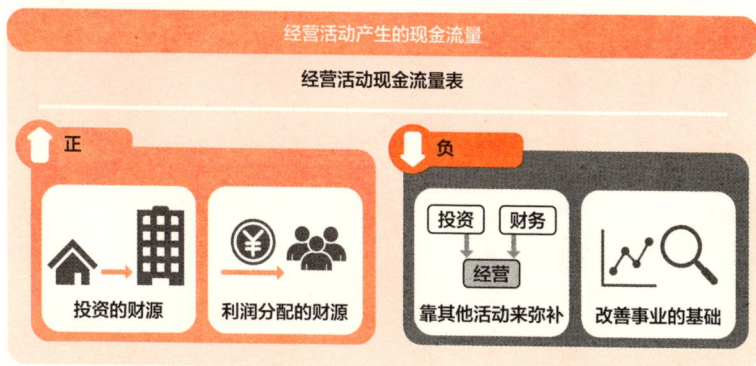

经营活动产生的现金流量

经营活动现金流量表

正

投资的财源　利润分配的财源

负

投资　财务
经营

靠其他活动来弥补　改善事业的基础

经营现金流量为正数的情况

当经营现金流量为正数时，说明主营业务经营顺利，现金回收正常。企业处于良好的经营状态。

当经营现金流量为正数时，可以用这部分现金进行投资，也可以为股东分配红利。

经营现金流量为负数的情况

当经营现金流量为负数时，就需要用投资活动或财务活动获得的现金来弥补经营活动缺少的现金。

如果经营现金流量连续出现负数的情况，就需要尽早审视事业的基础，调整主营业务。因为不可能永远靠投资活动或财务活动获得的现金来弥补经营活动的亏空。

b. 投资活动的现金流量表

○ 投资活动的现金流量表

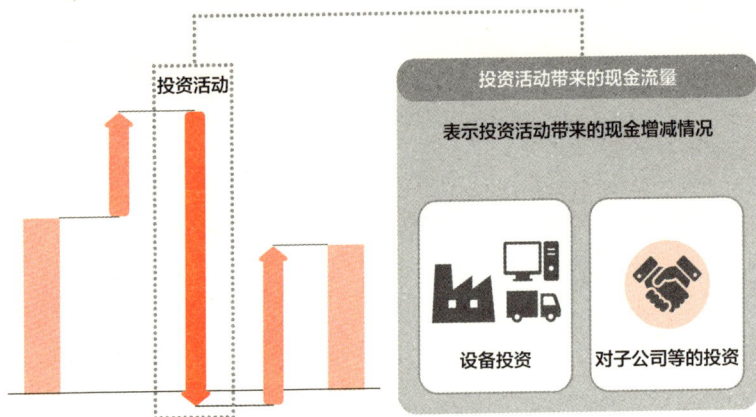

投资活动

投资活动带来的现金流量

表示投资活动带来的现金增减情况

设备投资　对子公司等的投资

投资活动产生的现金流量（以下简称投资现金流量），记录的是**企业因投资活动所产生的现金流入、流出。**

投资现金流量，当支出现金进行投资时，现金流量就为负数，当变卖设备或股票获取现金时，现金流量就是正数。

不要认为投资现金流量"是负数就糟糕了"。

分析投资现金流量的重点是看用于投资的现金"**是否来自企业的经营活动或财务活动，目的是不是扩大事业**"。

不进行投资的企业，只能维持现状。因此，企业基本上都需要进行投资。反言之，如果企业的投资现金流量为高额的正数，那可以理解为企业正在收缩事业（后面将介绍分析的模式）。

通过分析投资现金流量，可以推测企业的投资方针等发展策略。

投资现金流量表的解读方式

⭕ 投资活动的现金流量表

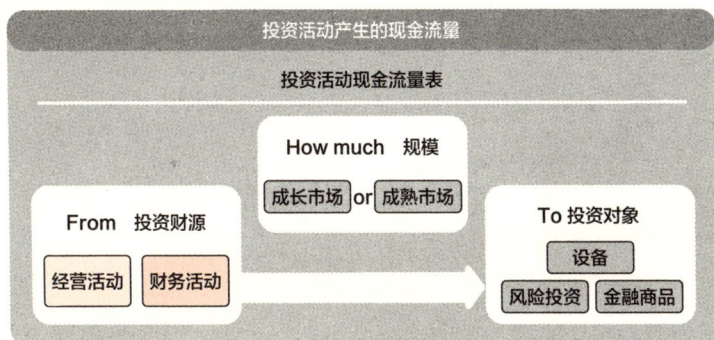

在分析投资现金流量时，应该特别注意的要点是：

- 投资的财源来自哪里？
- 投资的对象是什么？
- 投资的市场属于什么类型的市场，投资规模有多大？

举例来说：一家拥有自有店铺的企业，用经营活动获得的资金在成熟市场对设备进行投资。

拿实际企业举例的话，软银集团"用财务活动获得的资金在成长市场投资风险企业"。再比如，日本游戏公司 Cyberagent "用经营获得的资金在成长市场投资新项目"。

在上述两个实际例子中，两家公司都在成长市场中进行投资，但软银的资金来源是**财务活动**，而 Cyberagent 公司的资金来源是**经营活动**。

c. 财务活动的现金流量表

○ **财务活动的现金流量表**

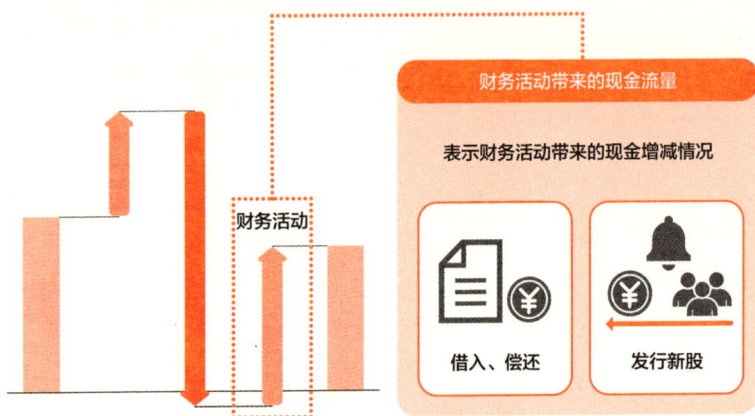

财务活动带来的现金流量

表示财务活动带来的现金增减情况

借入、偿还　　发行新股

财务活动

　　财务活动产生的现金流量（以下简称财务现金流量），记录的是**企业因财务活动（发行股票、贷款、偿还贷款等）所产生的现金流入、流出。**

　　财务现金流量，因筹措资金增加的现金用正数表示，减少的现金用负数表示。

　　企业如果上市的话，在上市时，财务现金流量一般会非常的大。因为上市时，企业能获得一般投资人数十亿、上百亿的资金。

　　在公司上市一年后公布的财务报告中的财务现金流量表中，可以看到上市时巨大的现金流量。感兴趣的朋友可以找上市公司的财务报告看一下。

现金流量表的总结

○ 3 种活动所产生的现金流量数字的含义

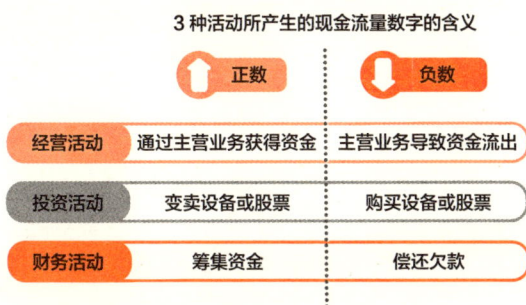

3 种活动所产生的现金流量数字的含义

⬆ 正数	⬇ 负数
经营活动 通过主营业务获得资金	主营业务导致资金流出
投资活动 变卖设备或股票	购买设备或股票
财务活动 筹集资金	偿还欠款

- 现金流量表是反映企业现金、存款变动情况的财务报表。
- 企业活动大体上分为经营活动、投资活动、财务活动。
- 经营现金流量,反映企业主营业务产生的现金、存款变动情况。
- 投资现金流量,反映企业在投资固定资产、股票等项目时产生的现金、存款变动情况。
- 财务现金流量,反映企业的财务活动所产生的现金、存款变动情况。
- 为防止企业陷入"黑字破产"的窘境,一定要通过现金流量表把握现金、存款的变动情况。

通过对经营现金流量、投资现金流量、财务现金流量的情况综合起来分析,大体上可以把握公司当前处于什么状况。

接下来我就教您**使用现金流量表对企业的财务状况进行分析**。因为现金流量要分成 3 种活动分别来看,而每一种活动的现金流量又可能有正有负,所以一共有 6 种模式。

○ 6 种活动与变动模式

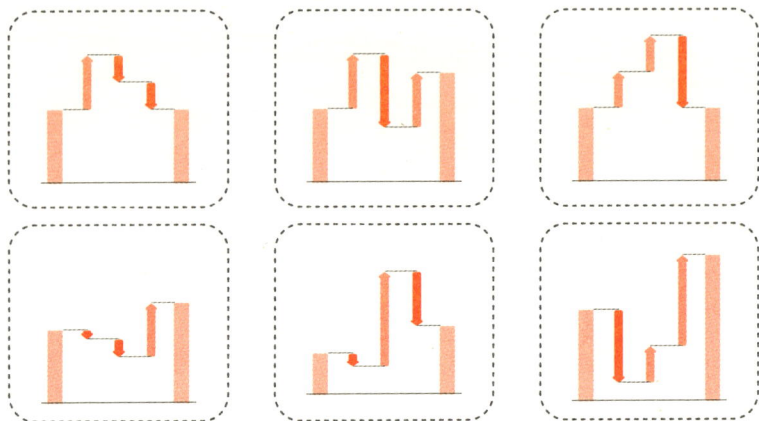

解读现金流量表的时候，首先要确认"各种活动所带来的现金流量分别处于什么状态"，接下来再"将 3 种活动现金流量的状况综合起来，看符合上述哪种模式"。在此基础上，就容易判断企业的状态了。

下面对这 6 种模式一一进行介绍。

○ （1）健康型现金流量

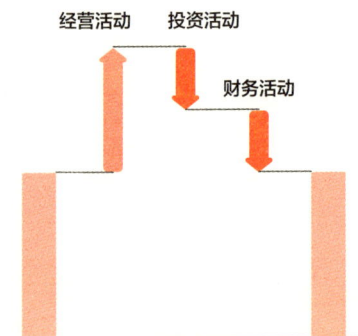

经营活动　投资活动

财务活动

这是企业追求的健康状态之一

企业通过主营业务获得资金，用资金进行投资、偿还债务

健康型现金流量模式，**是健康企业应有的状态之一**。企业通过主营业务获得资金，再将部分资金用于投资、偿还债务。

○（2）积极型现金流量

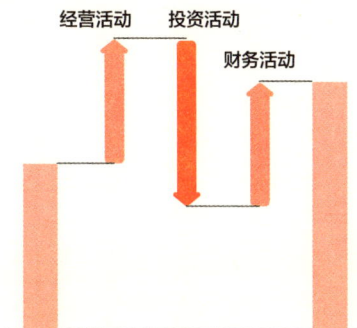

处于**事业扩张期**的企业

企业通过主营业务获得资金，用这笔资金进行投资，不够的资金还要进行融资

积极型现金流量，多出现在**事业扩张期**企业的财务报表中。

企业将主营业务获得的资金全部用于投资，不够的资金还会通过融资获取。

○（3）改善型现金流量

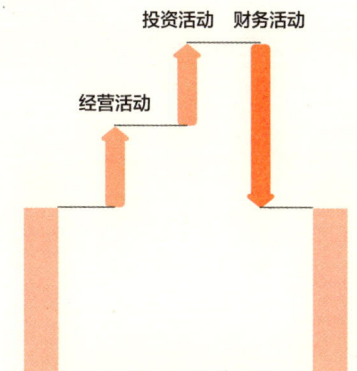

收缩事业规模的企业

变卖业务或设备，用于偿还借款

改善型现金流量，多是**收缩事业规模**的企业所表现出来的现金流量形态。

收缩事业规模的企业，一般会把主营业务获得的资金加上变卖固定资产所得的资金，进行欠款偿还。因为这样的企业基本上没有投资活动，所以事业规模在不断缩小。

○ （4）衰退型现金流量

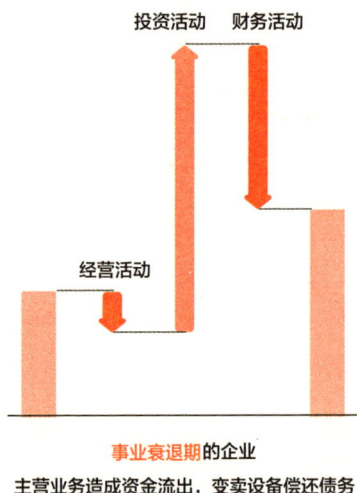

投资活动　　财务活动

经营活动

事业衰退期的企业
主营业务造成资金流出，变卖设备偿还债务

衰退型现金流量，多见于**事业衰退期**的企业。这样的企业，主营业务造成资金流出，不得不变卖设备以偿还债务。

○（5）胜负型现金流量

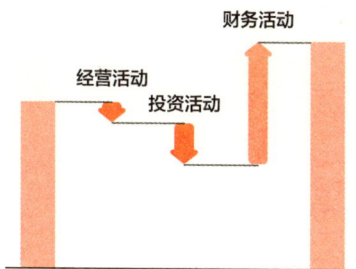

资金周转处于紧张状态的企业
主营业务造成资金流出，靠融资进行投资

胜负型现金流量，一般是**资金周转比较紧张**的企业常见的现金流量状态。主营业务造成资金流出，通过贷款等融资形式获得资金，再进行投资的状态。风险企业常见这种类型的现金流量形态。

○（6）救济型现金流量

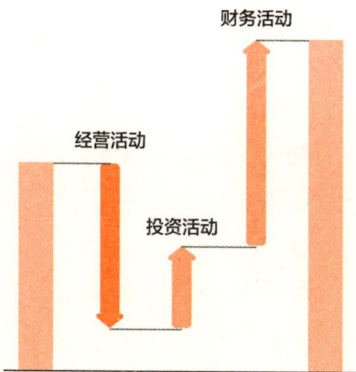

处于危机中的企业
主营业务造成资金流出，不得不变卖设备换取资金，
而且依然不够还需要的融资

救济型现金流量，这种现金流量形态表明**企业处于危机状态**。主营业务造成资金流出，不得不变卖设备换取资金，而且依然不够还需要的融资。

2016 年东芝公司的现金流量表就呈现救济型状态。

○ 2016 年度东芝公司的现金流量表

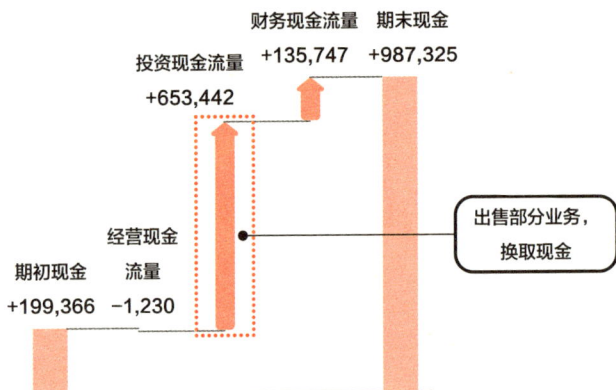

因为主营业务造成资金流出，不得不出售部分主力业务以换取资金

2016 年度，东芝公司因为会计造假的丑闻造成信誉、商誉的极大损失，难以从主营业务中获得资金，只能靠出售部分业务来确保资金的周转。当时东芝公司的现金流量表就是典型的救济型形态。

下面我给大家出一道竞猜题。

下图分别是 MERCARI 和乐天两家公司的现金流量表。

Q 问题：
哪一个是 MERCARI 公司的现金流量表？

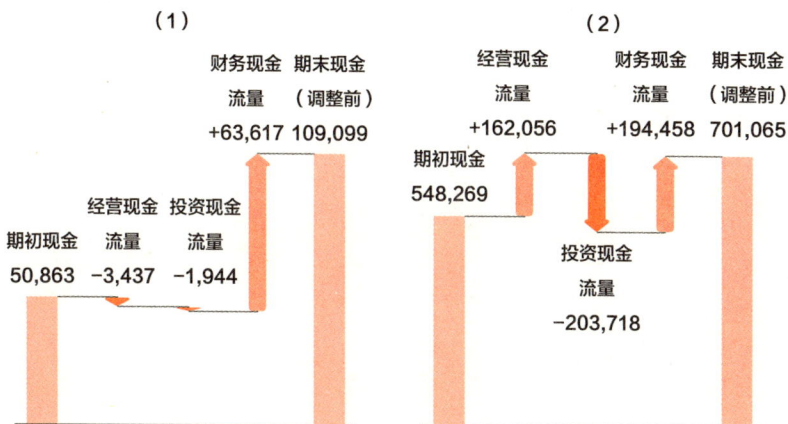

哪一个是 MERCARI 公司
的现金流量表？

（1）

| | | | 财务现金
流量
+63,617 | 期末现金
（调整前）
109,099 |

经营现金 投资现金
流量 流量
−3,437 −1,944

期初现金
50,863

（2）

经营现金 财务现金 期末现金
流量 流量 （调整前）
+162,056 +194,458 701,065

期初现金
548,269

投资现金
流量
−203,718

（ * 节选自 MERCARI 公司 2018 年 6 月、乐天公司 2018 年 12 月公布的数据）

提示

● 左侧图表中，主营业务带来的现金是负数，因为资金不足所以进行贷款等融资行为来筹集资金，属于胜负型现金流量。

● 右侧图表中，主营业务带来的现金是正数，将这部分资金用于投资，同时也融资进行投资，属于积极型现金流量。

● 横向对比 MERCARI 和乐天两家公司的经营状况，进行判断。下面我将要公布答案了。

正确答案：（1）是 MERCARI 公司
的现金流量表。

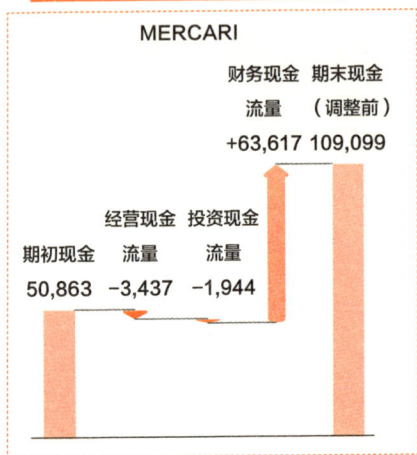

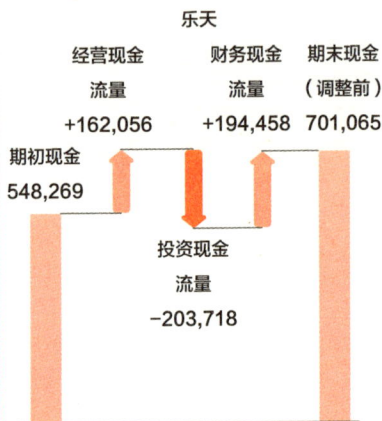

MERCARI

期初现金	经营现金 流量	投资现金 流量	财务现金 流量	期末现金 （调整前）
50,863	−3,437	−1,944	+63,617	109,099

乐天

期初现金	经营现金 流量	投资现金 流量	财务现金 流量	期末现金 （调整前）
548,269	+162,056	−203,718	+194,458	701,065

正确答案是（1）。如果您能通过现金流量表的类型得出正确答案，说明已经领会了前面我所讲的内容。

至此，我们按照资产负债表→利润表→现金流量表的顺序，已经把三种财务报表的基本知识都讲了一遍。接下来我会以实例的形式进一步帮大家加深对现金流量表的理解。我们一起来竞猜谜题吧！您准备好了吗？

1

【IT】利润表是赤字，现金流量表却是黑字（SANSAN 和 SPACE MARKET）

对比上市之初的现金流量表

很多朋友认为现金流量表有些地方不太好理解，其实这些地方并没有您想象的那么复杂。

关于现金流量表的第一个问题，我选择了同时在 2019 年上市的两家 IT 公司——SANSAN 和 SPACE MARKET。从这两家公司上市不久公布的财务报表来看，利润表中都是赤字。但有一家公司的现金流量表却是黑字。

下面就让我们一起来看一看吧。

Q 问题：
下面哪一个是 SANSAN 的现金流量表？

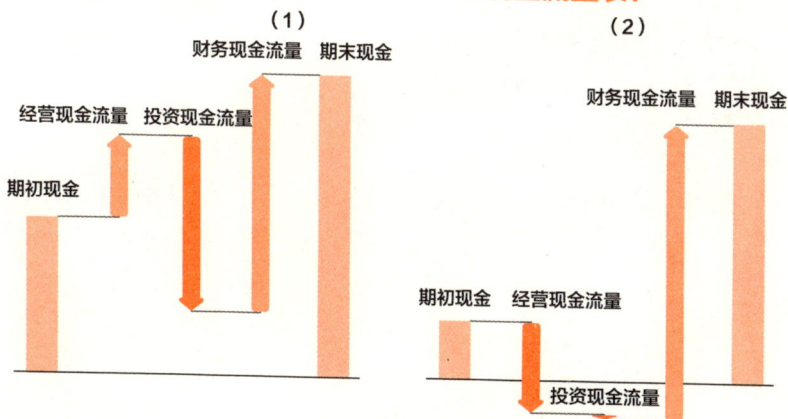

（1）

财务现金流量　期末现金

经营现金流量　投资现金流量

期初现金

（2）

财务现金流量　期末现金

期初现金　经营现金流量

投资现金流量

思考两家公司现金流量表的差异

大学生老弟： 对比这两张现金流量表，我发现经营现金流量（1）是正数，（2）是负数。

销售小姐姐： 两家公司的利润表都是赤字，可现金流量表一家是黑字、一家是赤字，这意味着什么呢？

职业投资人大壮： 我们一般会认为，一家公司的利润表是赤字的话，现金流量表应该也是赤字才对。我想先看一下这两家公司各自的商业模式、经营的内容。

思考两家公司各自的商业模式

银行职员小明： SANSAN 主要面向企业客户提供商业名片管理服务，商业模式为 B to B。

大学生老弟： 我听说 SPACE MARKET 是为有场地想出租的人和想租赁场地的人提供匹配信息服务的平台运营商，商业模式应该是 B to C。

职业投资人大壮： 我感觉 SPACE MARKET 就是为有需求的人提供一个信息平台，用户使用信息成功，需要支付给平台一定的手续费。因此 SPACE MARKET 应该有现金频繁入账。那 SANSAN 又是什么情况呢？

银行职员小明： SANSAN 采取会员模式，只要用户注册成为会员，每月就要缴纳一笔会员费。

销售小姐姐： 好像不是每个月缴纳会员费。我们公司就是 SANSAN 的用户，注册成为会员，先缴纳一年的会员费。

银行职员小明： 哦，是这样啊。确实，SANSAN 面向的是企业用户，为了减少企业的麻烦，应该不用每月缴纳会员费。也就是说，会员数 × 一年的会员费，就是 SANSAN 的收入额。

职业投资人大壮： 嗯，虽然两家公司都是提供服务收取服务费，但一家是用户每使用一次就要缴纳服务费，另一家是一年收取一次会员费。SANSAN 公司是预收一年的会员费，**收到现金后，就有了现金流量，可是在利润表中还没有体现为利润**。所以，我判断（1）是 SANSAN 公司。

大手町小熊哥： 正确！（1）就是 SANSAN 公司。

正确答案：（1）是 SANSAN 的现金流量表。

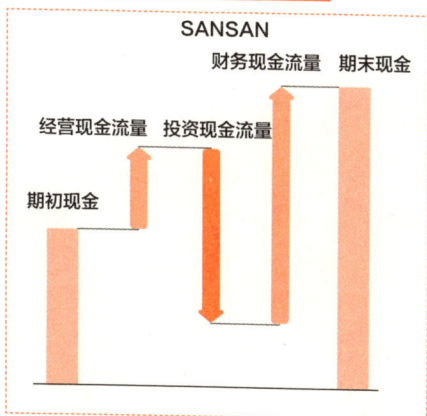

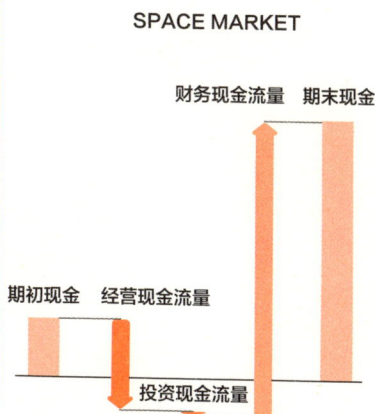

SANSAN

财务现金流量　期末现金

经营现金流量　投资现金流量

期初现金

SPACE MARKET

财务现金流量　期末现金

期初现金　经营现金流量

投资现金流量

"股票上市？这不是超级赚钱的企业才有资格做的事吗？"可能很多朋友存在这样的误解。现实中，处于赤字状态的企业上市，也是屡见不鲜的。

　　SANSAN 公司就是在营业利润是赤字的情况下上市的。另外，选项（2）的 SPACE MARKET 和 SANSAN 一样也是 2019 年上市的，它当时的营业利润也是赤字状态。

　　SANSAN 公司上市时，营业利润之所以处于赤字状态，是因为它们为了扩大知名度和影响力，抢占市场份额，先期投入了大量的广告宣传费。

○　广告宣传费等先期投入造成赤字上市的局面

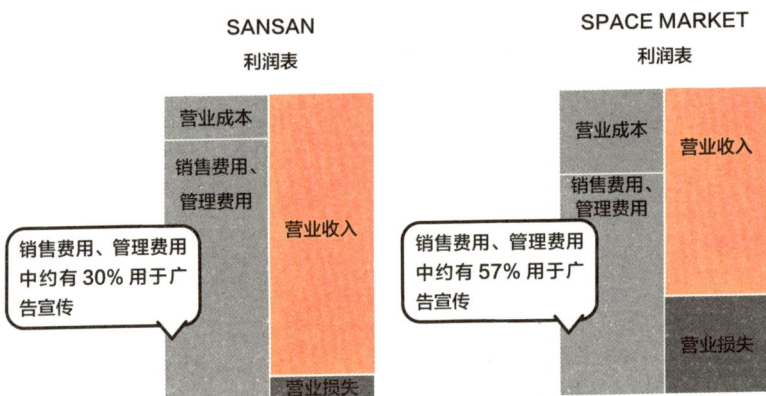

SANSAN
利润表

营业成本
销售费用、管理费用
销售费用、管理费用中约有 30% 用于广告宣传
营业收入
营业损失

SPACE MARKET
利润表

营业成本
销售费用、管理费用
销售费用、管理费用中约有 57% 用于广告宣传
营业收入
营业损失

　　比较（1）和（2）的图表时，我们发现"箭头方向"明显不同的是经营现金流量，即"经营活动获得了多少现金"。

　　利润表呈现赤字的时候，现金流量表也多呈现赤字，但选项（1）的经营现金流量确实向上的箭头，代表正数。

SANSAN 的服务协议

○ 服务费收取的时机

SANSAN 公司的服务费主要由以下四个部分构成

		收取时机
① 初期费用 （初始成本）	**12 个月的使用许可费用** 对客户已经拥有的全部名片进行数据化的费用	协议生效时
② 导入支持费用 （初始成本）	**提供每月费用 20 万~150 万日元不等的套餐计划** 为客户导入"SANSAN"以及提供经营支持的费用	协议生效时
③ 扫描仪租赁费 （运营成本）	**每月 1 万日元 / 台** 把扫描仪租借给客户的费用	协议生效时 + 更新时
④ 使用费 （运营成本）	**按照用户每月交换名片的数量来设定（年度协议）** 每月 7.5 万至数百万日元不等	协议生效时 + 更新时

客户需要预付一年的服务费

　　SANSAN 的营业收入九成以上来自企业客户，它们要求用户提前预付一年的服务费。

○ SANSAN 公司的资产负债表

（单位：千日元）

	前一会计年度 2018 年 5 月 31 日	本会计年度 2019 年 5 月 31 日
负债		
流动负债		
应付账款	59,883	96,169
短期借款	13,500	18,000
一年内需要偿还的长期借款	94,534	133,134
未付款	654,533	770,424
未付法人税等	24,258	41,283
未付消费税等	–	184,745
预收款	2,798,027	3,923,177
奖金准备金	133,416	199,010
办事处关闭损失准备金	–	6,960
其他	41,563	55,868
流动负债合计	3,819,717	5,428,772
固定负债		
长期借款	127,706	233,714
其他	39,079	43,664
固定负债合计	166,785	277,378
负债合计	3,986,502	5,706,151

从客户企业签约后，就会收到未来一年的服务费

未来的营业收入

　　在 SANSAN 公司的实际财务报表中，预收客户的服务费计入哪个科目呢？在资产负债表：负债→流动负债→预付款一项中显示。

什么是预收款？

　　什么是预收款？不算营业收入吗？可能不少朋友有这样的疑问，下面我就补充讲解一下预收款。

○ SANSAN 公司的资产负债表（补充）：预收款与营业收入的关系

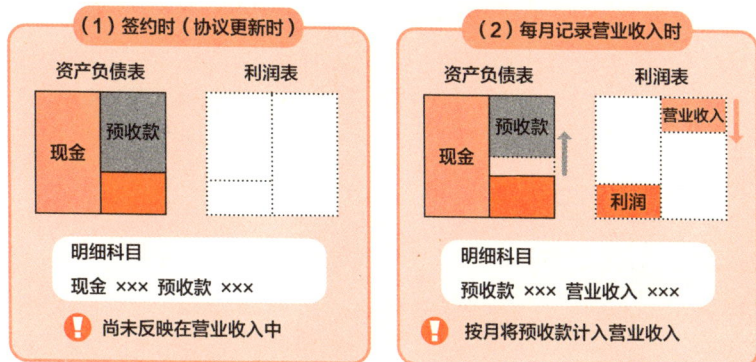

（1）签约时（协议更新时）

资产负债表　　**利润表**

现金　预收款

明细科目

现金 ××× 预收款 ×××

❗ 尚未反映在营业收入中

（2）每月记录营业收入时

资产负债表　　**利润表**

现金　预收款　营业收入　利润

明细科目

预收款 ××× 营业收入 ×××

❗ 按月将预收款计入营业收入

SANSAN 公司预收客户一年的服务费，这笔预收款未来逐月计入营业收入

当客户与 SANSAN 公司签约的时候，就要缴纳未来一年的服务费。这个时候，这笔预收款不会计入营业收入，因此对利润表没有影响。

随后，随着时间的推移，计入资产负债表的"预收款"会逐月转为计入利润表的"营业收入"。

SANSAN 公司预收客户一年服务费的协议，算是比较强势的协议。因为这个原因，在 SANSAN 公司的资产负债表中，现金和预收款占了很大的比例。在提供服务之前，就先收取一年的服务费，真是很强势。

MERCARI 公司也好，MAKUAKE 公司也罢，凡是近年来广受关注的新兴风险企业，大多都在提供服务之前先向客户收取费用。这样做的目的主要是防止企业在快速成长期陷入现金不足的窘迫局面。

○ SANSAN 公司的资产负债表

资产负债表

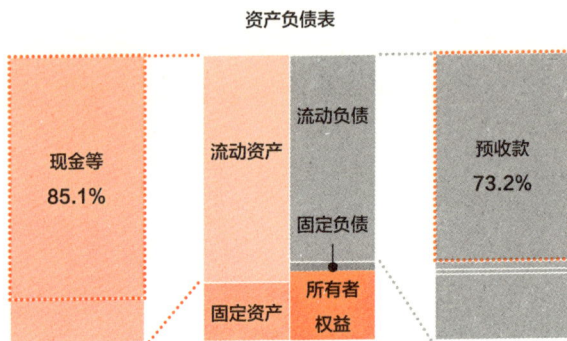

那么，SANSAN 公司这种现金的变动情况，在现金流量表中会怎样呈现呢？

下面我们就来看看 SANSAN 公司的实际现金流量表。

现金流量表的构成如下页图，最上边是利润表中的"税前当期净利润（损失）"，接下来就是现金增减的项目，通过这些项目可以用很多方法来计算经营活动的现金流量（这一部分对初学者来说，是个难点）。

举例来说，"折旧费"就是一个不太容易理解的科目。折旧费在利润表中属于费用，但实际上并没有出现现金流出。也就是说，因为没有现金流出，所以在现金流量表中表示这笔费用的时候，用"正数"表示。这是利润变动和现金变动的一个巨大差异。

我们再回到 SANSAN 公司的现金流量表。最上面就是利润表中的税前当期净利润（因为是"赤字上市"，所以这个科目是负数）。

下面就是各种现金的增减，增减金额还很大。

【预收款的增减额】

预收款的调整。因为是预收款，还没有转变成营业收入，所以不能反映在利润表里。但已经收取了现金，就应该反映在现金流量表里。

预收款的影响力还是相当大的，因为它可以让经营活动现金流量一下子变成黑字。这就是 SANSAN 公司厉害的地方。

○ SANSAN 公司的现金流量表

【现金流量表】	（单位：千日元）
	本会计年度
	（自 2018 年 6 月 1 日至
	2019 年 5 月 31 日）
经营活动产生的现金流量	
税金等调整前当期净损失（△）	△937,602
折旧费	459,657
减值损失	34,250
事务所关闭损失准备金的增减额（△为减少）	6,960
股票交付费	10,530
固定资产清理损失	16,387
坏账准备金增减额（△为减少）	△1,812
奖金准备金增减额（△为减少）	65,605
应收利息及应收股息	△2,079
支付利息	4,766
新股预购权的余额入账	△4,725
应收账款的增减额（△为减少）	△111,289
预付费用的增减额（△为减少）	△67,067
未收消费税等的增减额（△为减少）	83,137
其他资产的增减额（△为减少）	49,929
应付账款的增减额（△为减少）	36,285
未付费用的增减额（△为减少）	50,277
未付消费税等的增减额（△为减少）	184,745
预收款的增减额（△为减少）	1,125,161
其他负债的增减额（△为减少）	24,351
其他	56,123
小计	1,083,592
利息及股息的收取额	1,297
利息的支付额	△4,822
法人税等的支付额	△7,258
营业活动产生的现金流量	1,072,808

> 因为营业收入是每月计入，所以预收款不会反映在利润表中。
> 因此这里是赤字状态，计入的是当期净损失。

> 预收款，是提前收取的现金。因此在现金流量表中，预收款金额增加了。

> 最终的结果是经营现金流量为正数。

另外，我们再来看看 SPACE MARKET 公司的现金流量情况，最初的科目和 SANSAN 公司一样也是赤字状态，后面的现金调整，尤其是影响较大的现金调整却没有。因此，它们最终的经营现金流量还是赤字状态。

O SPACE MARKET 的现金流量表

【现金流量表】	（单位：千日元）
	本会计年度 （自 2018 年 1 月 1 日至 2019 年 12 月 31 日）
经营活动产生的现金流量	
税金等调整前当期净损失（△）	△271,923
折旧费	1,198
股票交付费	1,929
公司债发行费等	90
坏账准备金增减额（△为减少）	573
折扣券准备金增减额（△为减少）	△2,030
应收利息及应收股息	△1
支付利息	1,247
应收账款的增减额（△为减少）	17,768
未收现金的增减额（△为减少）	△201,322
应付账款的增减额（△为减少）	△9,710
未付费用的增减额（△为减少）	124,560
代扣款的增减额（△为减少）	60,399
其他	△86
小计	△277,307
利息及股息的收取额	1
利息的支付额	△1,247
法人税等的支付额	△410
营业活动产生的现金流量	△278,964

> 因为做了大量的广告宣传，所以期初和 SANSAN 公司一样是赤字状态。

> 利润表和现金的变动情况没有太大差异，所以经营现金流量还是赤字状态。

⭕ 经营现金流量有明显的差异

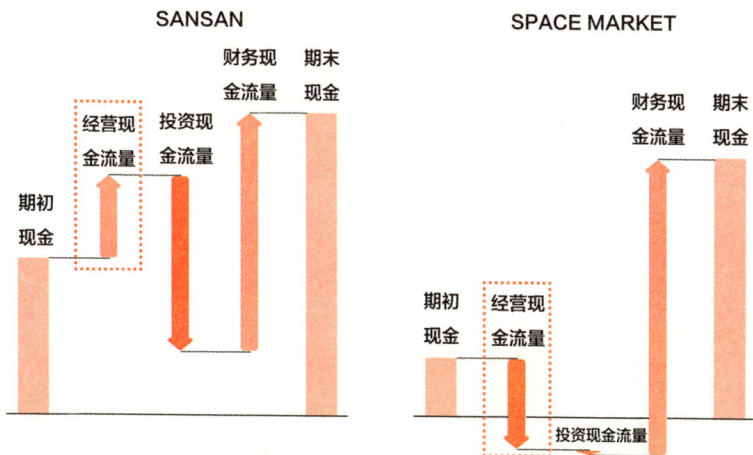

SANSAN

SPACE MARKET

同是"赤字上市"的两家公司，如果我们能根据它们合同形式的不同判断出经营活动现金流量的差异，就能判定（1）是 SANSAN 公司的现金流量表。

请把会计竞猜的 Instagram① 账号当辞典用

专栏 2 我介绍的是在 Twitter 上举办的会计竞猜活动，另外，我在 Instagram 上也有一个举办会计竞猜的账号。Instagram 这个账号，我平时发表的文章多是对财务指标和实际案例进行的解析。也会定期举办会计谜题竞猜的活动。

但是我觉得自己在这个账号中发表的财务指标解析文章都很好，大家可以把这个账号当作"会计术语辞典"来使用。

在我举办会计知识学习会的时候，来参加的朋友很多都是对会计一无所知的初学者。我就会让这些朋友关注我的 Instagram 账号，让他们把这个账号中的文章当作学习财务指标、资产负债表、利润表、现金流量表的辅助工具，或者当作辞典使用，遇到不懂的术语，就可以去那个账号中查询。

以后我会继续在这个账号发表知识性文章，感兴趣的朋友可以持续关注。

---

① Instagram 是 Facebook 公司旗下一款免费提供在线图片及视频分享的社交应用软件。

历史问题　　活动信息　　新人

自有资本
比率

财务指标的解读方法

EBITDA

财务指标的解读方法

CCC

财务指标的解读方法

应付账款
周转期

财务指标的解读方法

应收账款
周转期

财务指标的解读方法

库存商品
周转期

财务指标的解读方法

边际利润

财务指标的解读方法

销售、管
理费率

财务指标的解读方法

成本率

财务指标的解读方法

2 【IT】看穿投资活动现金流量中的把戏（雅虎和 LINE）

"把银行收购为子公司"时的现金流量

本次登场的两家企业分别是雅虎和 LINE。

事先我想跟大家说一件事情，2018 年 3 月我就曾以这两家公司为案例出过会计竞猜题。这次我们再来看看当时那道题，当时两家关系的资料，和时下有些差别，请大家注意时间背景。

那个时候，雅虎刚刚收购了 JAPAN NET 银行。将银行收购为自己的子公司，现金流量的变化值得关注，这也是这道题的重点所在。

Q 问题：下面哪一个是雅虎的现金流量表？

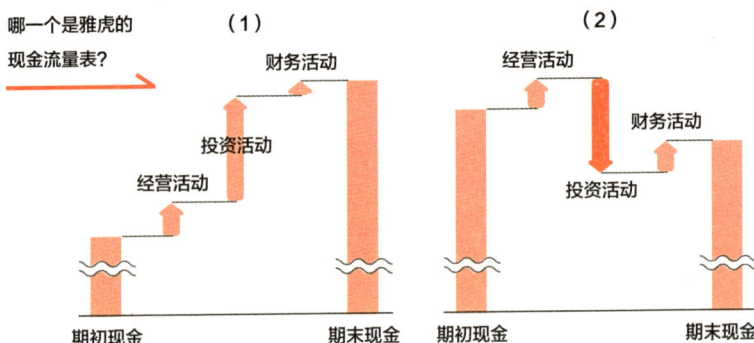

哪一个是雅虎的现金流量表？

（1）
财务活动
投资活动
经营活动
期初现金　期末现金

（2）
经营活动
财务活动
投资活动
期初现金　期末现金

本次登场的企业

● **雅虎**

运营有日本最大的门户网站"Yahoo!"。另外，雅虎公司还以"Yahoo!"为品牌，提供多种网络服务。

● **LINE**

运营有即时通信软件"LINE"。并以"LINE"为品牌，提供多种网络服务。

银行职员小明： 收购银行时的现金流量……雅虎和 LINE 同是 IT 公司，经营活动现金流量和财务活动现金流量都没有太大的差异，但投资活动现金流量的差异就非常明显了，箭头方向是相反的。

大学生老弟： 一般情况下，收购一家公司，财务上会发生什么变化呢？

职业投资人大壮： 收购公司的时候，要用现金来购买公司的股票，所以现金应该是流出的。在投资活动中现金流出的话，箭头应该是向下的。

销售小姐姐： 从这个角度分析的话，雅虎公司收购了 JAPAN NET 银行，应该流出了很多现金，所以选项（2）应该就是雅虎公司的现金流量表了。因为（2）的投资活动现金流量是负数，箭头向下。

职业投资人大壮： 嗯……反过来再看（1），如果（2）是雅虎公司的话，（1）应该就是 LINE。可是，那个时期 LINE 公司的投资活动现金流量就是向上的吗？

大学生老弟： 大家不要嫌我无知，我想问一下，在什么样的情况下，企业的投资活动现金流量呈现向上的箭头呢？

银行职员小明： 卖出固定资产的时候……比如，卖出设备、股票、有价证券等的时候，投资活动现金流量的箭头是向上的。

职业投资人大壮：嗯。可是，LINE 是一家正在成长过程中的公司，而且是 IT 企业，应该并没有太多的固定资产啊。所以，要通过投资活动，让投资活动现金流还呈现向上的箭头，这是一个关键点。

银行职员小明：企业想要筹资的话，可以发行新股票，由此可以使财务活动现金流量的箭头大幅向上。但从这个视角来看，选项（1）的财务活动现金流量的变动并不大。这就有些微妙了……

销售小姐姐：果然还是收购银行这件事有蹊跷。

银行职员小明：啊……我们再仔细分析一下收购银行这件事。要收购银行的股票，需要流出现金，但另一方面，收购银行的同时，也获得了更多的现金。所以比较期初和期末的现金，发现期末的现金更多了。会不会有这种可能性呢？

职业投资人大壮：小明说到点子上了！因为获得的现金比支出的多，所以虽然是收购企业，投资活动现金流量却呈现出向上的箭头。所以，（1）是雅虎公司。

大手町小熊哥：正确！（1）就是雅虎公司的现金流量表。

（1）是雅虎的现金流量表。

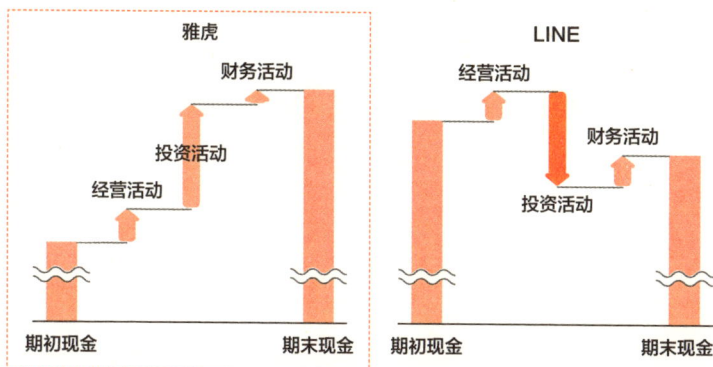

这一题的判断关键就是投资活动现金流量的变动。说白了，就是在收购银行之后，投资活动现金流量会变成正的还是负的，这是关键所在。大家的着眼点都选对了。

我先从前提条件开始从头为大家进行解说，雅虎在收购银行之后，资产负债表出现了大幅的变化。

⭕ 雅虎的前期与当期财务数据对比

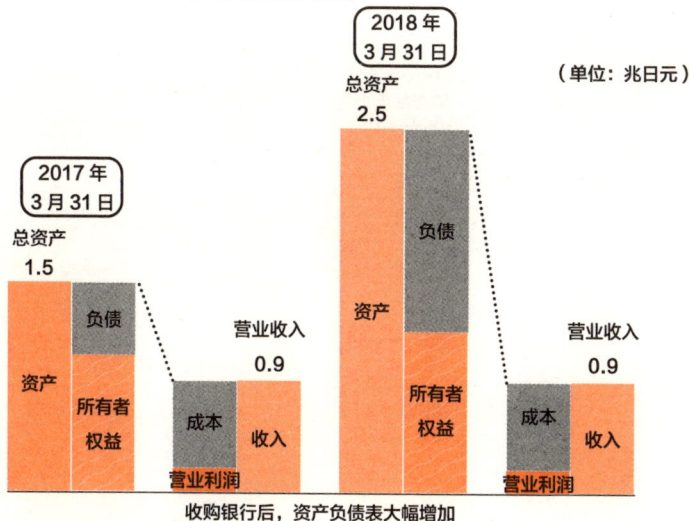

收购银行后，资产负债表大幅增加

接下来再看现金流量表。

一般来说，在收购企业的时候，要支出现金购买该企业的股票。现金是流出的，所以投资活动现金流量应该是负的。

合并现金流量表（合并子公司的现金流量表）

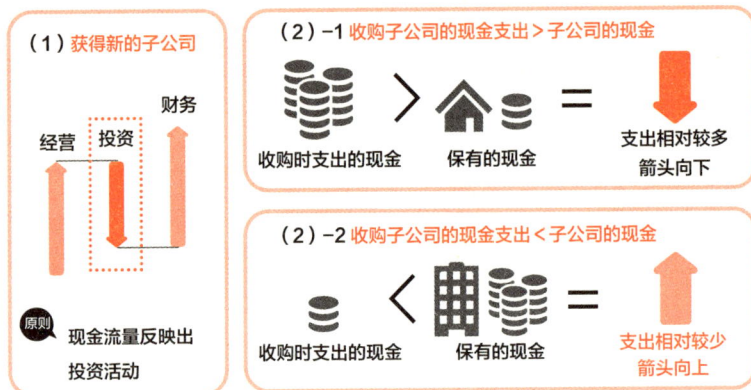

（1）获得新的子公司

财务

经营　投资

原则　现金流量反映出投资活动

（2）-1 收购子公司的现金支出＞子公司的现金

收购时支出的现金　＞　保有的现金　＝　支出相对较多箭头向下

（2）-2 收购子公司的现金支出＜子公司的现金

收购时支出的现金　＜　保有的现金　＝　支出相对较少箭头向上

雅虎公司的合并现金流量表

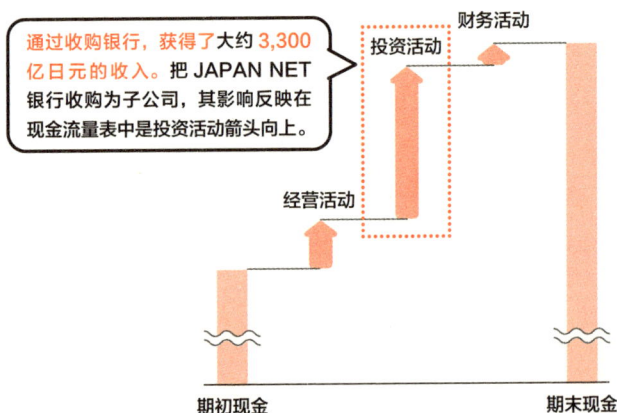

通过收购银行，获得了大约 3,300 亿日元的收入。把 JAPAN NET 银行收购为子公司，其影响反映在现金流量表中是投资活动箭头向上。

财务活动

投资活动

经营活动

期初现金　　期末现金

雅虎公司收购的是银行，而这家银行保有大量的现金。收购完成之后，JAPAN NET 银行的现金，会合并入雅虎公司的现金流量表中。因此，在雅虎公司的现金流量表中，投资活动的现金流量反而出现了大幅增长。

可以说雅虎公司收购反而造成投资活动现金流量增加的现象是比较特殊的一个案例。因为在收购的过程中，雅虎公司支出的现金小于JAPAN NET 持有的现金。

Chapter 4

挑战资产负债表和
利润表的组合问题

把资产负债表和利润表组合起来

把资产负债表和利润表组合起来

终于到了最后一章。到现在为止，我们已经先后学习了资产负债表、利润表和现金流量表这三种主要的会计报表。这一章我们将把资产负债表和利润表组合起来分析一个企业的经营状况、战略。

学了三种主要会计报表，不要以为自己就已经掌握了全部的会计知识。把**资产、负债、所有者权益**和**利润、成本**结合起来分析更有意思，所以请一定继续读下去。

实际上，资产负债表和利润表存在着紧密的联系。

光用语言说，您可能很难想象出这两种会计报表之间的具体联系，下面我就借一个简单的例子来进行讲解。

任何一家企业，为了正常运营下去都需要筹集资金。

筹集资金的方法主要有两个：（1）向股东筹集资金；（2）向银行贷款。

首先，从股东那里筹集来的资金，在资产负债表中计入资本金（所有者权益）。所有者权益基本上可以称为企业的自有资本，是不需要返还给股东的资金。

○ 资产负债表的基本构造

资产负债表

（Balance Sheet）

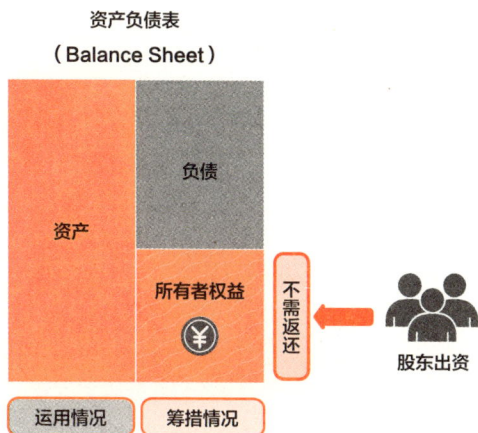

第一，**从股东那里筹集来的资金，为了企业的成长可以有各种各样的用途**。例如，企业要制造商品，可以用股东筹集的资金来建造"生产工厂"。

○ 资产负债表的基本构造

资产负债表

（Balance Sheet）

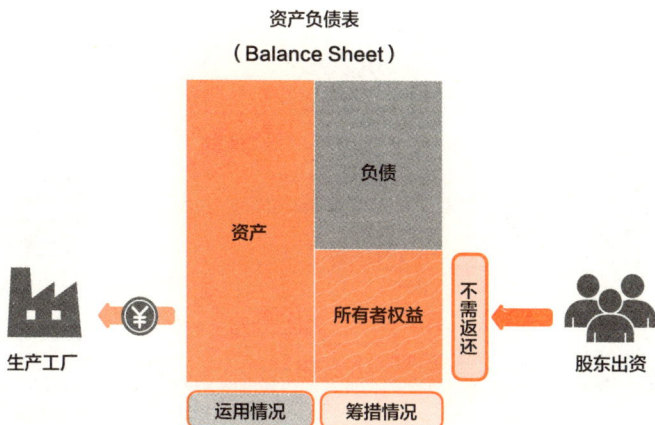

第二，从银行等金融机构借来的资金，计入资产负债表的借款项目（负债）。借款要在约定的期限内偿还，并且要支付相应的利息。

○ 资产负债表的基本构造

资产负债表
（Balance Sheet）

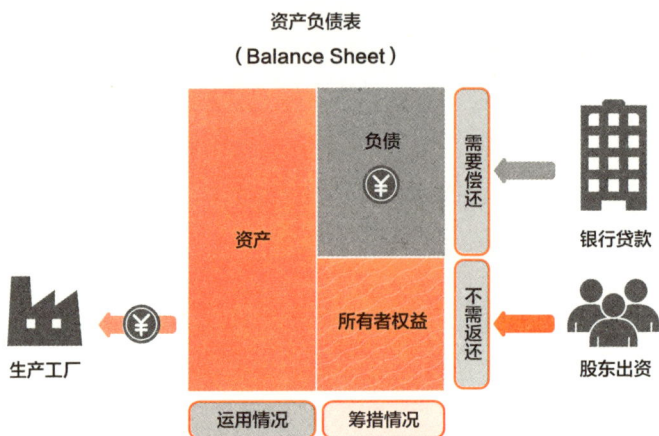

当然，从银行等金融机构借来的资金，也可以用于企业发展的各种方面。例如，前面讲过的建设工厂、采购原材料等。

○ 资产负债表的基本构造

资产负债表
（Balance Sheet）

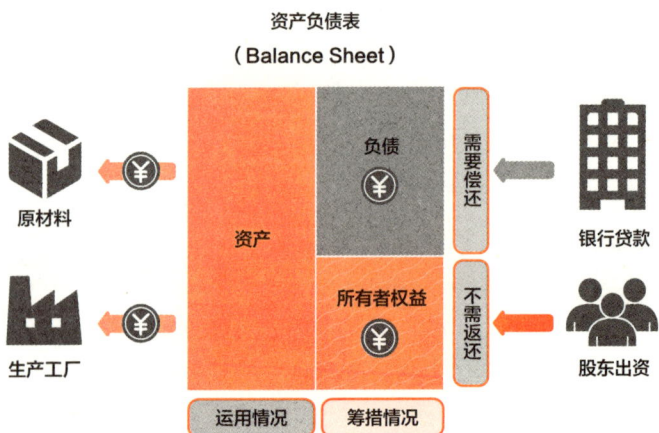

由此可见，通过资产负债表我们一眼就可以判断出"企业运营所需的资金是通过什么手段（负债或所有者权益）筹集到的"，以及"筹集到的资金用到了哪些地方"。

在这个过程中，资产项目也会发生变动。举例来说，把采购的原材料加工成商品，那么原本计入资产的原材料就要变更记录为商品，当然，还是在资产项目内。

○ 资产负债表的基本构造

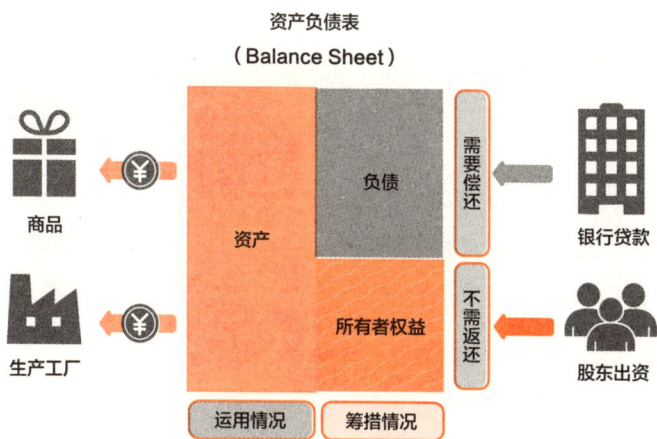

资产负债表
（Balance Sheet）

另外，资产负债表反映的是企业在某一时间点的资产、负债以及所有者权益的情况。所以，看资产负债表的时机不同，看到的资产、负债以及所有者权益的情况也可能不同。一般来说，企业会在会计年度的最后一天（如12月31日）制作并公开资产负债表。

我们再来看制造的商品被卖出去之后的情况。假设企业把制造的商品销售给了客户，从客户那里得到了货款。

资产负债表的基本构造

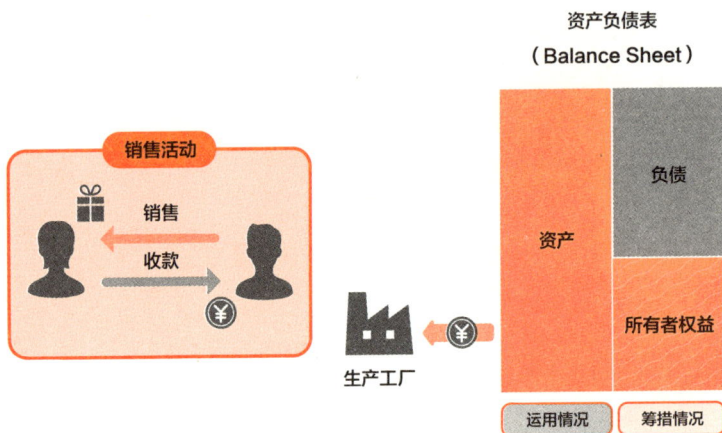

资产负债表
（Balance Sheet）

销售活动

销售
收款

生产工厂

资产

负债

所有者权益

运用情况　筹措情况

接下来我们就要看利润表了。利润表和资产负债表不同，并不是反映企业在某一时间点的资产情况，而是反映一年内收支变化的情况。所以，只要收支一有变动，利润表中的相应科目就会发生变化。

利润表的基本构造

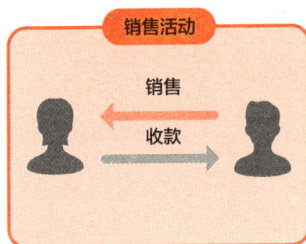

利润表
（Profit and Loss Statement）

成本

收入

利润

销售活动

销售
收款

这时，销售商品收取的货款，要计入利润表的"营业收入"，销售商品的成本要计入"营业成本"。营业收入科目属于收入，营业成本科目属于成本。

⭕ 利润表的基本构造

利润表
（Profit and Loss Statement）

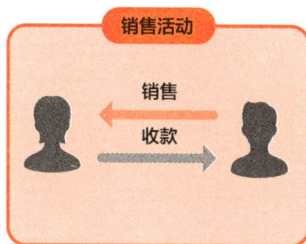

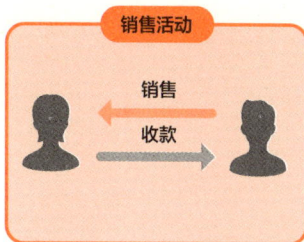

这时，销售商品获得的营业收入，与销售商品的成本之间会产生一个差额，这个差额就是利润或者损失。

⭕ 利润表的基本构造

利润表
（Profit and Loss Statement）

计算出来的利润，还要计入资产负债表的所有者权益（盈余公积）。也就是说，盈余公积这个科目，是过去累计的利润或损失。

由此可见，可以持续创造盈利的企业，其资产负债表中所有者权益的金额应该比较大。

前面章节中介绍过，像 NITORI 这种连续 32 年保持盈利的企业，其所有者权益的金额是相当大的。

⭕ 资产负债表和利润表的基本构造

资产负债表
（Balance Sheet）

利润表
（Profit and Loss Statement）

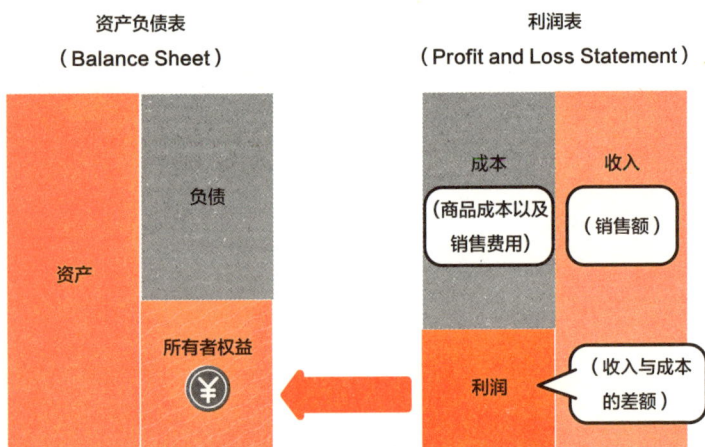

如何使用创造的利润，每个企业可能有不同的方法。可以给股东分红，也可以用于扩大生产的设备投资……很多企业都会优先把利润用于企业的进一步成长。

⭕ 资产负债表的基本构造

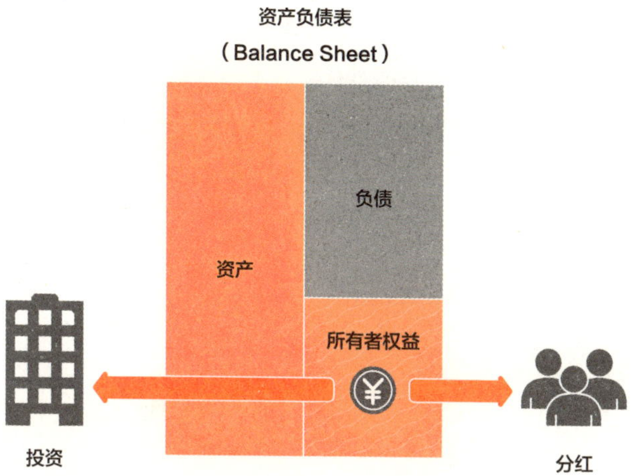

资产负债表
（Balance Sheet）

投资 　　　　　　　　　　　　　　　　分红

⭕ 总结

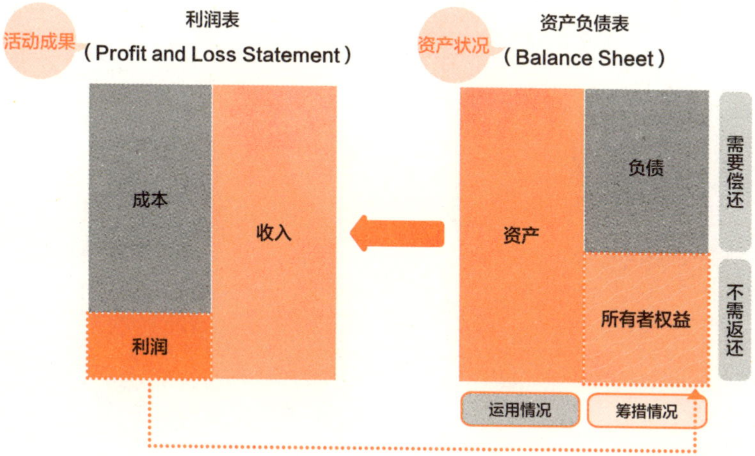

也就是说，资产负债表中的所有者权益和利润表中的利润是紧密联系在一起的。如果单独分析所有者权益或利润，是比较容易的，但如果把二者联系起来进行分析，就需要一定的知识了。

所以，我们首先应该分别来分析所有者权益和利润，然后再把二者联系起来进行分析，这样可以洞见企业更深层的秘密。

堂吉诃德超市 24 小时营业的理由

如今在超市、便利店业界，是否进行 24 小时营业，是一个重点讨论话题。首先，雇佣深夜上班的营业员比较困难；其次，因为营业员上班时间长，改善劳动条件也是店主必须考虑的事情。这些都是阻碍超市、便利店执行 24 小时营业制的现实困难。

可是，堂吉诃德超市的很多店铺都采取 24 小时营业制。为什么它们要坚持 24 小时营业呢？

我们先假设一个原因——堂吉诃德 24 小时营业，有明确的好处。

带着这个假设的原因，我翻阅了堂吉诃德的会计报表和说明资料。结果，堂吉诃德 2017 年 6 月的业绩说明资料中记载的一段话，引起了我的兴趣。

堂吉诃德经营有免税商品，而很多外国游客为了购买免税商品，会在深夜来店购物（据说晚上是购买免税商品的黄金时间）。

另外，据说明资料记载，免税商品的利润率高于一般商品，贡献的利润也更多。

也就是说，深夜营业可以大幅提高堂吉诃德的利润率。

再加之，堂吉诃德的店铺以直营店为主。因此，与加盟方式的便利店相比，堂吉诃德雇佣、配置夜班营业员更加便利。因此，我预计堂吉诃德的 24 小时营业制还会持续较长时间。

对于这个问题，大家有什么看法？

1

【铁路】同时开展多项事业的企业，什么才是核心事业（东急集团）

铁路行业的赚钱方式

从这一小节开始，我们来看资产负债表和利润表结合起来的问题。在第一个问题中登场的企业是"东急集团"，该集团以私营铁路"东急电铁"为核心事业，同时还涉足多种行业。

在以前的问题中登场的企业，大多经营范围比较单纯，以一项事业为主。这次不同，登场的企业同时经营多项业务，各项业务占多大的比例，以及在资产负债表和利润表中是怎样呈现的，都是大家应该关注的焦点。

Q 问题：
东急集团中营业收入最高的业务是哪一项？

合并资产负债表

流动资产	流动负债
	固定负债
固定资产	所有者权益

各种业务的营业收入比例

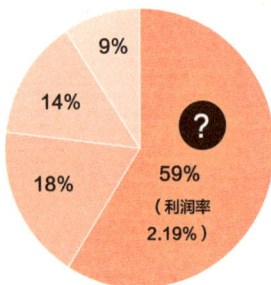

9%

14%

18%

59%
（利润率2.19%）

?

选项

（1）交通事业
（铁路、公交、机场运营等）

（2）房地产事业
（房地产销售、租赁、管理等）

（3）生活服务事业
（零售、广告、影像等）

（4）酒店、休闲事业
（酒店、高尔夫等）

大学生老弟：这道题就是问东急集团的哪些业务营业额最高，是不是？直觉告诉我，既然东急集团是一家铁路公司，那肯定是（1）交通事业的营业收入最高。每天有那么多人要利用它们的交通工具，营业收入自然很高。

销售小姐姐：话是这么说……可是，到涩谷走一圈，你就会发现东急集团在那一带拥有数量和规模都很大的高楼大厦。

职业投资人大壮：从资产负债表看，东急集团固定资产的比例很大，我猜交通和房地产是它们的主要事业。

银行职员小明：但是……我觉得答案应该不是（2）房地产业。因为图中用小字标明了"利润率2.19%"。在东京这种大都会的热门地点涩谷开发房地产，利润率不可能这么低。

职业投资人大壮：确实。这个利润率比个人投资房地产的回报率还要低。作为一家大企业，是不会以如此低的利润率参与房地产或铁路行业的。房地产和铁路行业要投入巨额的资金，如果利润率那么低的话，一开始它们就不会选择这些行业。

银行职员小明：那么我们要从（3）（4）中寻找答案了。

销售小姐姐： 对比（3）和（4）的话，我觉得应该排除（4）酒店、休闲事业。首先，这项事业并不是东急集团的招牌业务，而且，酒店业可以看作是房地产业的延伸产业，利润率也不可能低到 2%。

大学生老弟： 那答案应该就是（3）生活服务事业了？

银行职员小明： 确实，零售业可以创造较高的营业收入。再结合大壮对利润率的分析，我觉得答案应该是（3）生活服务事业。

职业投资人大壮： 小熊哥，我们的意见达成了一致，答案是（3），对吗？

大手町小熊哥： 正确！东急集团过半的营业收入是由（3）生活服务业创造的。

正确答案是（3）生活服务事业。

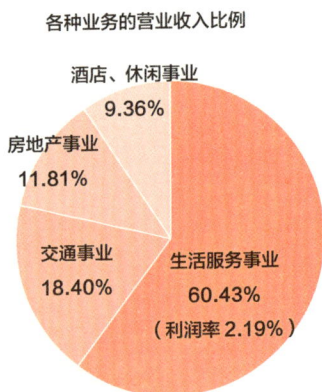

各种业务的营业收入比例

酒店、休闲事业
9.36%

房地产事业
11.81%

交通事业
18.40%

生活服务事业
60.43%
（利润率2.19%）

选项

（1）交通事业
（铁路、公交、机场运营等）

（2）房地产事业
（房地产销售、租赁、管理等）

（3）生活服务事业
（零售、广告、影像等）

（4）酒店、休闲事业
（酒店、高尔夫等）

　　首先，我们来看东急集团资产的详细情况，能发现交通事业、房地产事业的资产占据了最大的比例。

○ 各项事业的资产比例

酒店、休闲事业
5.61%

（单位：兆日元）

合并资产负债表

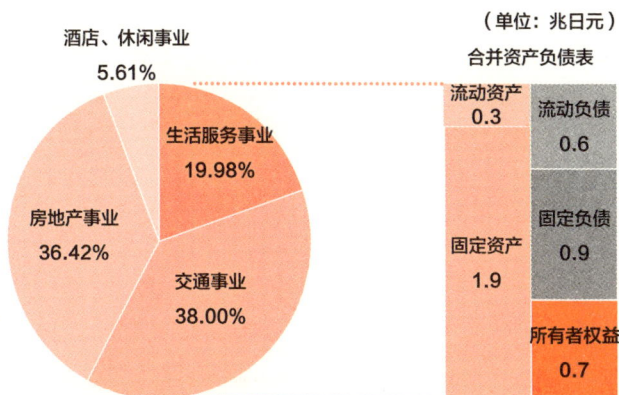

生活服务事业
19.98%

房地产事业
36.42%

交通事业
38.00%

流动资产
0.3

流动负债
0.6

固定资产
1.9

固定负债
0.9

所有者权益
0.7

再看一下利润的详细情况，我们可以发现与资产的比例相同，房地产事业和交通事业贡献的利润比例也相对较大。

○ 各项事业的营业利润比例

酒店、休闲事业
7.87%

（单位：兆日元）

合并利润表

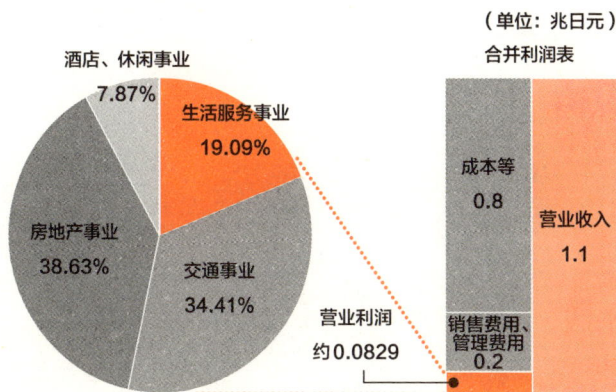

生活服务事业
19.09%

房地产事业
38.63%

交通事业
34.41%

营业利润
约0.0829

成本等
0.8

营业收入
1.1

销售费用、
管理费用
0.2

分别看各项事业的利润率，我们可以发现交通事业、房地产事业的利润率相对较高。

○ 各项事业的营业利润率

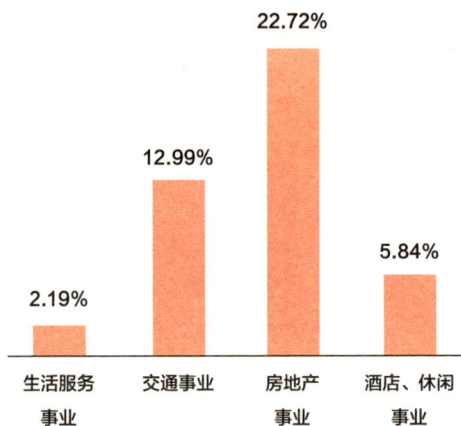

实际上，东急集团作为一家铁路企业，基本的经营战略是借助利润率高的房地产事业、交通事业来赚取利润。但是，为了达到这一目的，需要想办法增加铁路和房地产的顾客。

于是，东急集团在铁路沿线投资开发零售业等其他产业，完善铁路沿线的配套设施，借此增加铁路和房地产的顾客。事实证明，这个战略是成功的。东急集团利用利润率较低的生活服务事业和酒店、休闲事业，确实带动了铁路和房地产业的发展，从而提高了整个集团的利润率。

○ 交通事业以外的多元化经营

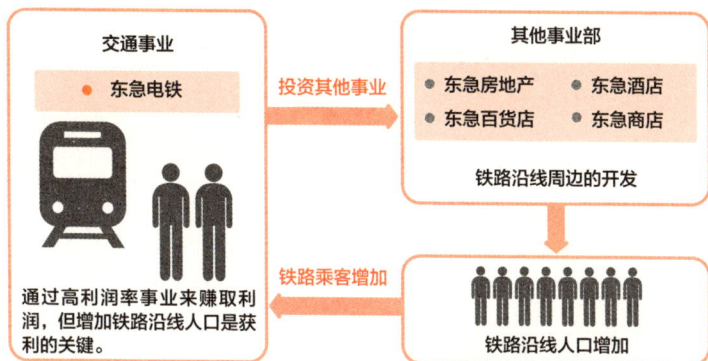

这道题，很多人容易误解的地方就是从营业收入着眼，认为营业收入由高到低应该是不动产→交通→生活服务→酒店、休闲。但实际上并非如此。这道题其实得从利润率着眼进行分析，才能推导出正确的答案。作为一家需要投入大量资金购置固定资产的企业，如果投入资金购置的固定资产不能保证较高的利润率，那企业就危险了（如果这些行业利润率低，企业压根就不会投入）。而这一点，是我们普通消费者在日常生活中难以察觉到的。

交通、房地产，基本上属于基础设施，收入比较稳定。这两个行业虽然营业收入相对不高，但收入稳定，利润率也比较高。以房地产的写字楼租赁为例，主要盈利模式是按月收取租金。假设租金每月收取一次，那么营业收入应该等于写字楼面积 × 月租金。这样计算的话，每月的营业收入不会太高。

再看零售业，虽然利润率比较低，但营业收入等于商品单价 × 销售数量，得到的销售额直接计入营业收入，因为销售数量通常比较大，所以营业收入就会比较高。

希望更多的人加入会计竞猜的线上社团

　　解会计谜题的时候，与其一个人冥思苦想，不如与大家讨论，这样更能深入理解会计学知识。

　　我会在 Twitter 上和大家一起在线讨论，也会定期举办**线上活动**。

　　关于会计谜题竞猜，我会让大家组队参与。线上组队，可能会遇到各种各样的人。从学生到白领，再到经验丰富的投资者、会计专业人士……这样，通过会计谜题竞猜，大家也有了和各行各业的人士交流的机会。

　　关于线上活动，我会在自己的 LINE 上提前发布信息，感兴趣的朋友一定要来参加呀！

　　另外，想进一步深入学习会计知识的朋友，也可以加入我的封闭社区——金融理财实验室。在这里，我每周都会出会计谜题供大家竞猜。而且，每月我会确定一个主题（如服装行业、软件服务行业等），然后会系统地介绍该行业的相关知识。加入社区成为会员后，还能参与每月一次的线上学习会。因为是线上学习会，所以不受地域的限制，日本各地，甚至海外的网友都可以参加。

　　成员之间也可以相互出题，分享自己的见解。这也是我的目的——打造一个"轻松愉快学习会计知识的圣地"。

　　读了这本书，如果已经激发出您对会计知识的兴趣，您还想进一步了解会计、金融、理财方面的知识，请一定加入我们的线上社团——金融理财实验室。

△金融理财实验室

http://community.camp-fire.jp/projects/view/118931

2 【零售】看透多元化的商业模式 （ION 集团）

提高集团整体利润的商业结构

在第二个问题中出现的企业是日本规模最大的多元化企业集团——ION 集团。

本次的学习要点是：看透采取多元化经营模式的企业中各种事业分别发挥的作用。

在挑战这个问题的过程中，希望您头脑中一定要有意识地思考："这家企业的盈利点在哪里？""集团通过怎样的结构设计来提高整体的利润？"

下面，我们就一起看看这道题吧。

Q 问题：
ION 集团中营业利润最高的事业是哪一个？

营业收入详细情况
（单位：兆日元）

| 超市 | 3.2 |
| GMS（General Merchandise Store，大型综合超市）| 3.0 |

各项事业的营业利润比例

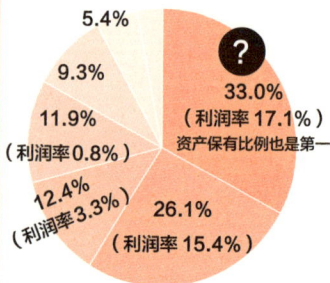

5.4%

9.3%

11.9%
（利润率0.8%）

12.4%
（利润率3.3%）

？ 33.0%
（利润率17.1%）
资产保有比例也是第一

26.1%
（利润率15.4%）

选项

（1）超市
（便利店、折扣商店）

（2）GMS
（综合超市、副食配菜专营店）

（3）综合金融
（信贷机构、银行）

（4）房地产
（商业中心开发、租赁）

销售小姐姐： 在前面那道题中，我们知道东急集团的零售业利润率比较低。所以我认为这次应该首先排除（1）超市和（2）GMS。

银行职员小明： 题中问的那项事业利润率有 17.1%。

大学生老弟： 那就是说，答案就在（3）综合金融或（4）房地产之中。

职业投资人大壮： 是的。但是，我总觉得还缺少点能够确定最终答案的要素。

大手町小熊哥： 提醒大家一下，问题中所问的那项事业，**资产保有比例也是第一位**的。

大学生老弟： 啊！差点忘了这一点。

银行职员小明： 这样一来的话，我觉得应该是（4）房地产吧。因为房地产业的资产非常大。

销售小姐姐： 确实。在全国各地都能看到 ION 集团开发的大型商业综合体。

银行职员小明： 小熊哥，我们的答案是（4）房地产，对不对？

大手町小熊哥： 非常遗憾。正确答案是（3）综合金融。

○ 正确答案是（3）综合金融

营业收入详细情况
（单位：兆日元）

超市 3.2
GMS 3.0

服务行业 0.8
医药保健 0.7

各项事业的营业利润比例

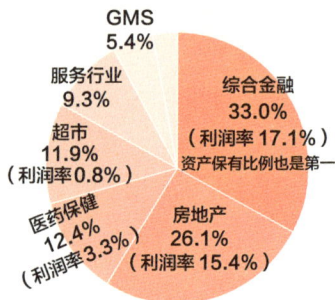

GMS 5.4%

服务行业 9.3%

超市 11.9%
（利润率0.8%）

医药保健 12.4%
（利润率3.3%）

综合金融 33.0%
（利润率17.1%）
资产保有比例也是第一

房地产 26.1%
（利润率15.4%）

选项

（1）超市
（便利店、折扣商店）

（2）GMS
（综合超市、副食配菜专营店）

（3）综合金融
（信贷机构、银行）

（4）房地产
（商业中心开发、租赁）

在前一题中涉及东急集团时，我已经讲过房地产行业的利润率是比较高的。但对 ION 集团来说，它们经营的综合金融事业，利润率比房地产业还要高。综合金融事业给集团带来了很高的利润。

现在，我想请大家把利润放一边，先来看看 ION 集团各项事业的营业收入。前面讲东急集团的时候，我们就知道零售业容易带来较高的营业收入，对 ION 集团也是一样，作为招牌事业的便利店和超市，一年能给集团带来 6.2 兆日元的营业收入。这个数字和日本每年的国家预算差不多了。

○ 各项事业的营业收入

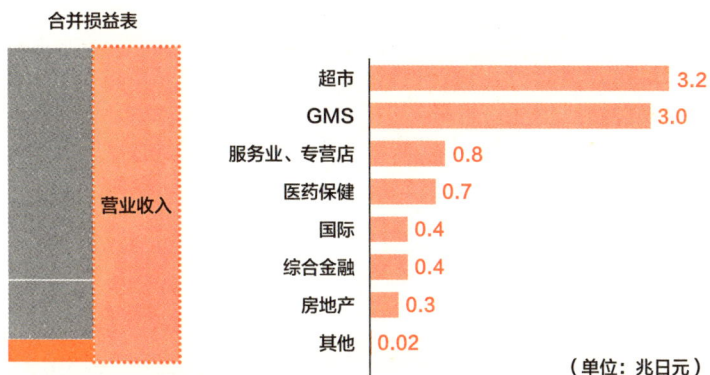

合并损益表

营业收入

项目	数值
超市	3.2
GMS	3.0
服务业、专营店	0.8
医药保健	0.7
国际	0.4
综合金融	0.4
房地产	0.3
其他	0.02

（单位：兆日元）

接下来我们再来比较各项事业的利润率。对比各项事业的营业利润，我们可以发现，给集团创造利润最多的并不是零售业，而是综合金融和房地产业。

○ 各项事业的利润率

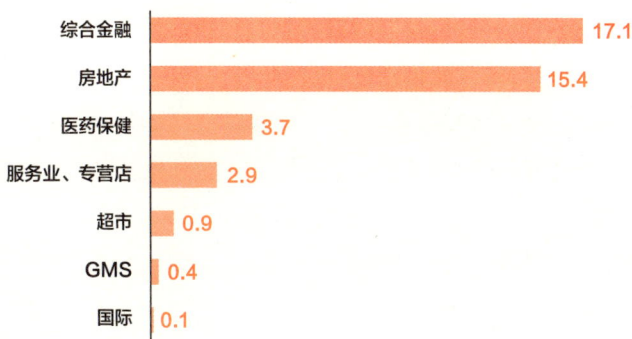

项目	数值
综合金融	17.1
房地产	15.4
医药保健	3.7
服务业、专营店	2.9
超市	0.9
GMS	0.4
国际	0.1

以多元化经营为根本战略的 ION 集团，其商业模式如下所示。

○ ION 集团的商业模式

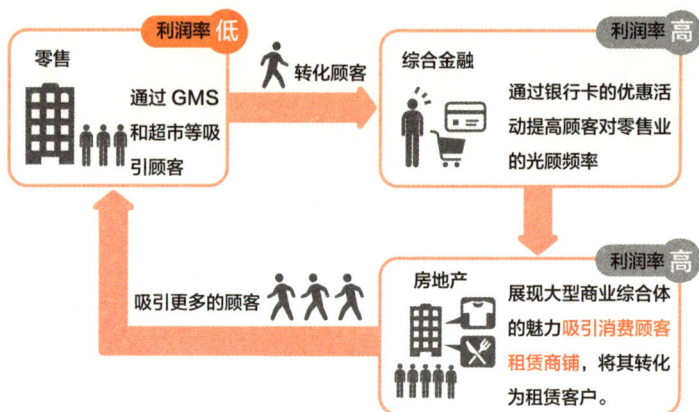

首先，零售业吸引顾客的能力比较强。ION 集团就是靠超市或 GMS 来吸引大量顾客的。而且，随着顾客对 ION 集团超市、GMS 使用次数的增加，黏性会越来越强。这些顾客的价值也就越来越大。

ION 集团打出"优惠牌"，成为 ION 集团金融或房地产的客户后，在 ION 集团的超市或 GMS 购物，可以享受优惠。于是，经过零售业的转化，金融、房地产的客户数量也在不断增加。

通过利润率较低的零售业不断向利润率较高的金融、房地产业输送客户，集团整体的利润率就提了上来。

采取这种战略的企业，为了吸引零售业的顾客转为金融、房地产的顾客，会在零售业打出"优惠牌"。但也正因如此，会进一步拉低零售业的利润率。

顺便说一句，这种企业的资产负债表中金融资产一般都比较大。因为金融业是需要投入大量资金才能获取利润的。

3

【电子商务】比较资产负债表和利润表（乐天和亚马逊）

将资产负债表和利润表结合起来分析，能发现更多的信息

之前，我们学习资产负债表和利润表的时候，都是单独进行分析解读的。当然，单独分析资产负债表或利润表很重要，但把二者结合起来，进行对比分析，将能发现一家企业更多的信息。

在最后这一小节里，我们就来挑战综合分析资产负债表和利润表的问题。本次登场的两家企业，是大名鼎鼎的电子商务巨头——乐天和亚马逊。

言归正传，我们来看问题吧。

Q 问题：
哪一个是乐天的财务数据？

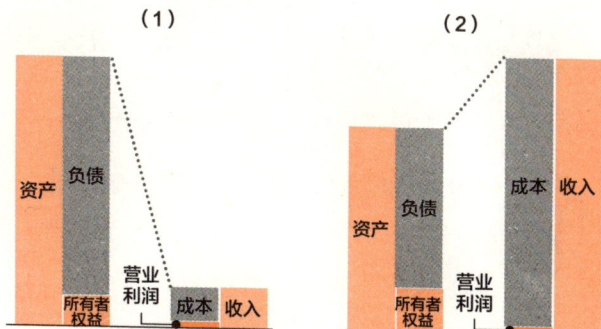

哪一个是乐天的财务数据？

（1）

资产 | 负债

所有者权益 | 营业利润 | 成本 | 收入

（2）

资产 | 负债

所有者权益 | 营业利润 | 成本 | 收入

背景知识

大手町小熊哥： 这两家公司都运营电子商务网站，在用户看来，可能会感觉这两家企业很相似。但实际上，两家公司的商业模式还是存在很大差异的。

亚马逊的商业模式

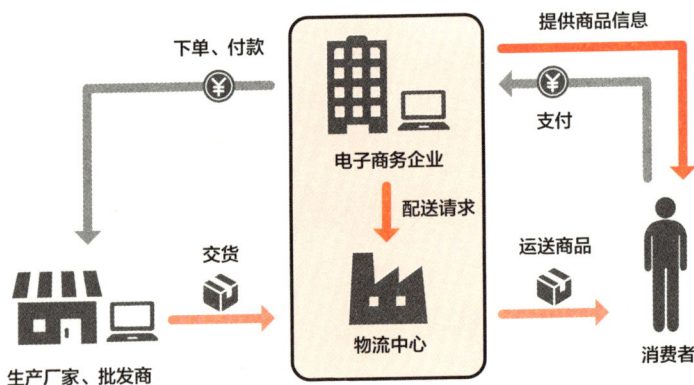

大手町小熊哥： 先看亚马逊。亚马逊公司有自己的仓库，从生产厂家采购商品，保存在仓库，然后再发送给从网上下单的消费者。

乐天的商业模式

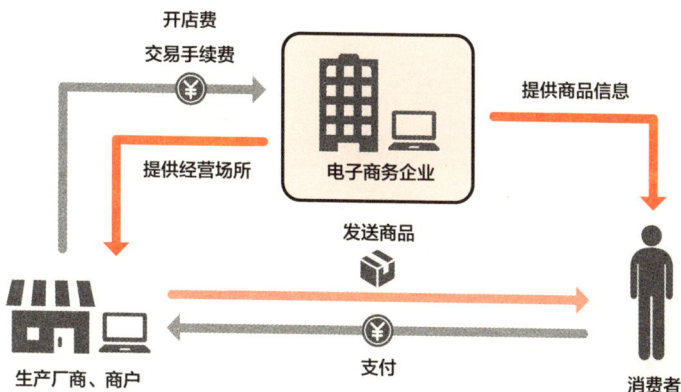

大手町小熊哥： 再看乐天。和亚马逊自己采购商品在网站上销售不同，乐天运营一个名叫"乐天市场"的电子商务网站，这个网站就是一个"假想"的商城。为零售业者提供一个在网上开店的平台。也就是说，乐天自己没有商品，它们靠收取网店经营者的开店费和交易手续费来赚取利润。

当然，亚马逊也有一部分像乐天一样的经营形式，让零售业者直接在亚马逊的网站上销售商品，成交后也是由零售业者直接把商品发送给消费者。但这种形式并不是亚马逊的主要商业模式。

同样，乐天也有一部分像亚马逊一样，自己采购商品直接卖给网购客户。只不过从总量上来看，这一部分的销售额非常小。

销售小姐姐： 嗯，明白了。亚马逊有自己的仓库，所以固定资产应该比较大。那么，我觉得（1）应该是亚马逊。

职业投资人大壮： 乐天是在网上开设虚拟电子商城，所以，应该不需要庞大的固定资产，而且它们自己也不用采购多少商品。

大学生老弟： 这么一说的话，我也觉得（1）是亚马逊，（2）是乐天。顺便问一句，亚马逊和乐天，哪家公司的营业收入会更高呢？

银行职员小明： 嗯……亚马逊是仓库运营型，需要自己采购商品，而乐天是虚拟商城型，不需要自己采购商品，只收取网店店主的开店费和交易手续费。我感觉乐天的利润率应该更高一些，但营业收入不会太大。

销售小姐姐： 在前面遇到的案例中，我们知道零售业的营业收入一般都比较大，亚马逊应该也一样，销售 100 日元的商品，营业收入就应该计入 100 日元。所以，利润表的收入部分应该比较大。而另一方面，乐天主要是收取交易手续费的，假设手续费是交易额的 5%，那么网店卖家销售 100 日元的商品，乐天只能得到 5 日元的手续费。所以，我感觉乐天的营业收入应该不会太大。

职业投资人大壮： 是的。亚马逊的利润表应该比较大，所以我觉得（2）可能是亚马逊。而且，我还有一点疑问，为什么（1）的资产负债表和利润表有那么大的差距呢？

银行职员小明： 确实，我也觉得（1）的资产有点过于大了。

大学生老弟： 资产过大……啊，对了！乐天还经营金融业，乐天银行、乐天证券什么的。

销售小姐姐： 我也想起来了，在 ION 集团那个案例中我们学过：金融行业需要高额的资产，资产负债表容易很大。

职业投资人大壮：也就是说，乐天涉足金融行业，所以资产负债表比较大，但因为它们以手续费为主要收入，所以利润表比较小。因此（1）是乐天。

大手町小熊哥：正确！（1）就是乐天。

（1）是乐天
的财务数据

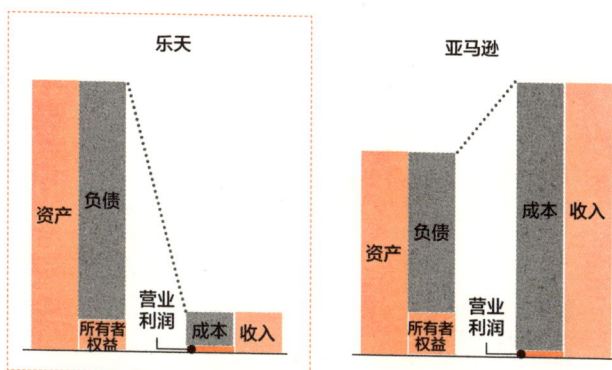

就像我一开始介绍的那样，两家公司的商业模式存在较大的差别。

亚马逊是"仓库运营型"，自己采购商品，在自己的网站上卖给顾客。

○ 亚马逊的商业模式：仓库运营型

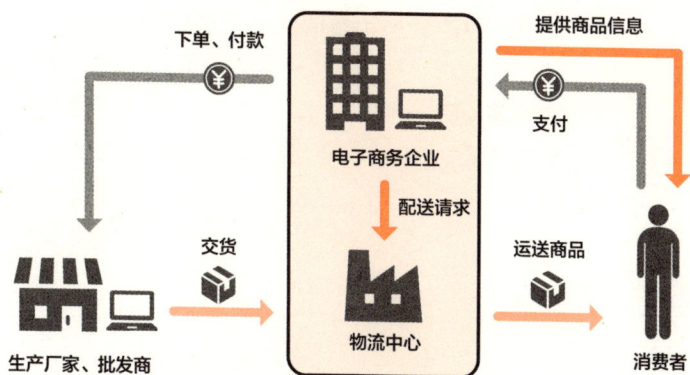

而乐天是"虚拟商城型"，只提供平台，在这个平台上开店的生产厂商或个人卖家，需要交纳开店费以及交易手续费。

而商品的发送和支付，基本上是网店和消费者之间的行为。乐天作为平台，并不参与。

○ 乐天的商业模式：模拟商城型

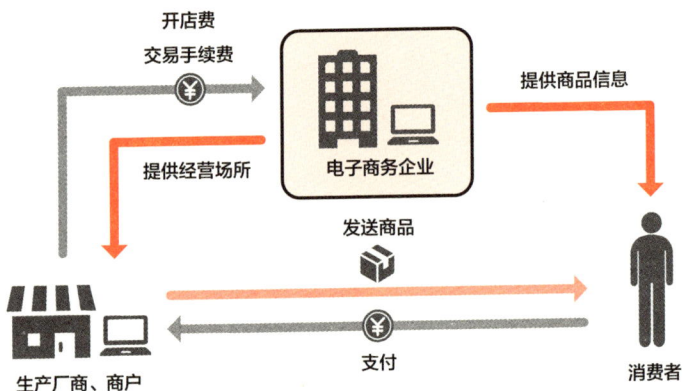

很多朋友容易认为仓库运营型企业的资产额会比较大，前面大家讨论之初也都认为亚马逊的资产比较大。可在这次出现的案例企业中，乐天虽然是模拟商城型企业，但因为它涉足银行、证券等金融行业，所以资产额相当大。

乐天资产负债表中的资产和负债大部分都是金融业的资产和负债。

○ 合并资产负债表中各项事业的资产与负债

（单位：兆日元）

乐天集团

乐天证券

乐天银行　乐天卡

金融事业保有整个集团大半的资产

资产 6.1	负债 5.5
	所有者权益 0.6

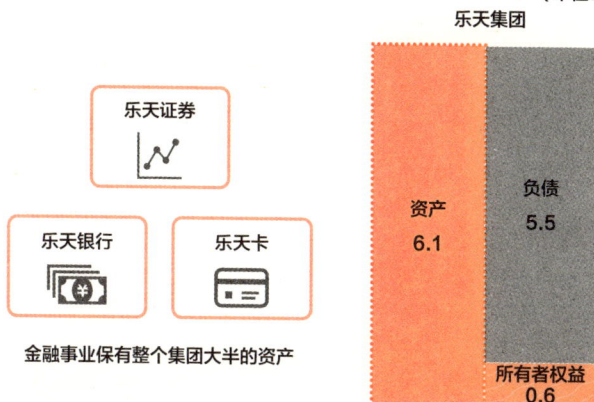

再来看两家公司营业收入金额的差异。虚拟商城型的乐天，主要收取交易手续费，虽然利润率比较高，但营业收入不会特别高。

另一方面，仓库运营型的亚马逊，销售商品的销售额是主要收入，但商品需要自己采购。这种模式利润率相对较低，但营业收入一般会比较高。

○ 营业收入金额的差异

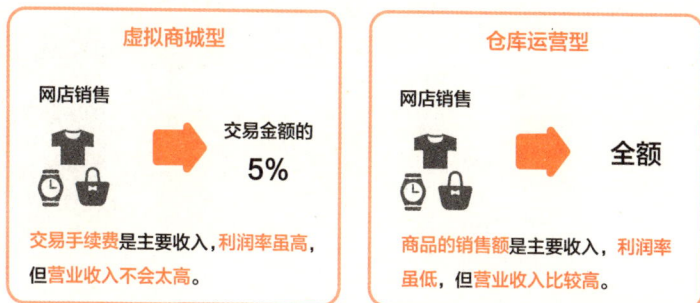

虚拟商城型

网店销售　　➡　交易金额的 **5%**

交易手续费是主要收入，利润率虽高，但营业收入不会太高。

仓库运营型

网店销售　　➡　**全额**

商品的销售额是主要收入，利润率虽低，但营业收入比较高。

亚马逊公司一般的营业收入都来自线上商品销售，所以，营业收入非常大。

○ 亚马逊公司的资产负债表和利润表以及各项营业收入的比例

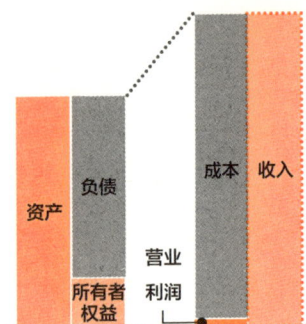

营业收入的大半来自线上商品销售

下面我们再看亚马逊公司资产负债表的详细内容，因为它们有自己的仓库，有形固定资产比较大。

○ 亚马逊公司的有形固定资产

	December 31,	
	2017	2018
Gross property and equipment(1):		
Land and buildings	$ 23,896	$ 31,741
Equipment	42,244	54,591
Other assets	2,438	2,577
Construction in progress	4,078	6,861
Gross property and equipment	72,656	95,770
Total accumulated depreciation and amortization(1)	23,790	33,973
Total property and equipment, net	$ 48,866	$ 61,797

有形固定资产达到 617 亿美元

土地、建筑物和设备占据了大半

合并资产负债表

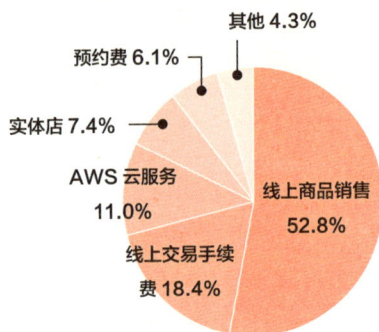

虚拟商城型的经营模式利润率更高，因此很多人认为虚拟商城型更加优越。可尽管如此，亚马逊还是坚持采用仓库运营型经营模式，

这到底是为什么呢？

亚马逊坚持采用仓库运营型经营模式，是因为**虚拟商城型经营模式也有它的弱点**。

○ 虚拟商城型经营模式的弱点

物流品质参差不齐	缺乏规模优势	对消费者来说存在一定的不便
第二日配送 配送需一个月 不同的网店使用不同的配送公司，因此配送速度等物流品质参差不齐。	因单个网店无法大量进货，因此价格较高 每个网店需要单独进货，进货量也不大，无法享受大规模进货带来的低价格优势。	当消费者从多个网店同时购物时，配送时间不统一，会给消费者造成一定的不便。而且，配送费用也比较高。

长期来看，虚拟商城型存在多个不如仓库运营型的弱点

- **物流品质参差不齐**

不同的网店使用不同的配送公司，因此配送速度等物流品质参差不齐。

- **缺乏规模优势**

每个网店需要单独进货，进货量也不大，无法享受大规模进货带来的低价格优势。

- **对消费者来说存在一定的不便**

当消费者从多个网店同时购物时，配送时间不统一，会给消费者造成一定的不便。而且，配送费用也比较高。

从消费者的角度来看，虚拟商城型企业存在上述劣势，因此，近年来也有不少专家认为仓库运营型企业更有优势。

而且，亚马逊为了强化仓库运营型经营模式，以每年 1 兆日元的节奏持续对现有经营模式进行投资。1 兆日元到底是个什么规模？光说数字可能大家不容易形成直观印象，那我就举个例子帮大家进行对

比。拥有完整物流网络的日本大和控股集团保有有形固定资产约 0.5 兆日元，拥有航空运输能力的 JAL 保有有形固定资产约 1 兆日元。而亚马逊每年投入 1 兆日元用于完善仓库、物流网络，连续不断强化自己的仓库运营型经营模式。

⭕ 亚马逊对有形固定资产的投资

大和控股: 有形固定资产详情

（单位: 百万日元）

固定资产		
有形固定资产		
建筑物及构造物	336,986	352,141
折旧累计额	△198,538	△204,191
建筑物及构造物（净额）	138,447	147,950
机械及设备	65,522	70,201
折旧累计额	△43,686	△47,619
机械及设备（净额）	21,835	22,582
车辆及搬运工具	197,587	208,031
折旧累计额	△180,329	△183,835
车辆及搬运工具（净额）	17,257	24,195
土地	174,959	175,995
出租资产	15,669	31,537
折旧累计额	△9,074	△9,531
出租资产（净额）	6,595	22,006
在建工程	16,200	8,391
其他	91,421	89,347
折旧累计额	△61,660	△61,551
其他（净额）	29,760	27,796
有形固定资产合计	405,057	428,918

大和控股（宅急便）的有形固定资产
约为 0.5 兆日元

JAL: 有形固定资产详情

（单位: 百万日元）

固定资产		
有形固定资产		
建筑物及构造物（净额）	32,247	31,385
机械、设备及搬运工具（净额）	10,718	11,800
飞机（净额）	※4 704,134	※4 733,961
土地	864	861
在建工程	123,902	141,776
其他（净额）	8,898	9,431
有形固定资产合计	※1 880,765	※1 929,216

JAL（航空运输）的有形固定资产
约为 1 兆日元

一年中，大和控股和 JAL 所拥有的有形固定资产投资

另外，仓库运营型企业还有一个优势，就是可以在全网站举办"限时抢购"的活动，借此激发所有消费者的购物欲望。

○ 刺激全部用户的消费欲望

特选商品限时优惠

限定数量的优惠

活动优惠

对于积压商品可以举办多种优惠活动进行促销，
从而大大缩短库存商品周转期

另外，亚马逊还有一套自己的智能算法，当他们发现某个用户浏览某种商品的页面时间比较长的时候，就会预判该用户有可能会购买这种商品。于是会事先把该商品发送到距离该用户最近的物流点。当用户真的下单之后，就会以最快的速度将商品送到用户手中。由此可见，亚马逊采取了多种方法来缩短其库存商品的周转期。

○ 消费者下单之前就预先送达最近物流点的专利

亚马逊公司在 2013 年 12 月取得了"预先配送"的专利。
就是在判断顾客有可能购买某种商品之前，预先将该商品发送至距离该顾客最近的物流点的技术。

结果，大大缩短了顾客从下单到收货的时间，
从而进一步打消顾客去实体店购物的欲望。

日常所见的咖啡的微妙差别

——了解会计知识后，看世界的方式也会发生改变

当您学会解读财务报表之后，您会发现自己对身边商品、服务的观察方式也会发生变化。到底是什么样的变化呢？我们以外卖咖啡为例思考一下。

以前大家要喝咖啡的话，无非是去咖啡馆或咖啡专卖店，咖啡品质虽然高，但价格也不便宜。可是最近，很多便利店也可以提供质优价廉的咖啡了，结果，咖啡市场的结构发生了巨大变化。

大家听说过 711 咖啡吗？711 咖啡是 711 便利店为顾客提供的一种 100 日元就可以喝到的美味咖啡。现在，711 咖啡每年要销售 10 亿杯！

具有代表性的咖啡馆肯定是星巴克无疑，大家对此没有异议吧？但 711 咖啡和星巴克咖啡有什么差别呢？请大家思考一下。

当然，"咖啡豆成本不同""店铺面积不同"这些都是显而易见的差别。不过，我的着眼点有点与众不同，我会看两家店的热咖啡，在杯子外面是否有纸板隔热层。

711 咖啡杯   星巴克咖啡杯

在星巴克买热咖啡带走的时候，杯子外面会带一个纸板隔热层，这样顾客拿着杯子也不会烫手。

但是，711 的热咖啡杯子外面就没有这个隔热层（不过，711 咖啡的纸杯，外侧是有一定厚度并且造型凹凸有致的隔热纸，因此也不太烫手）。

如果杯子外面纸板隔热层的成本比较高的话，那么对财务数值应该会有较大的影响。于是，我实际调查了一下纸板隔热层的成本。

我在亚马逊上查询到的纸板隔热层的价格大约为 100 个 660 日元，单个的价格就是 6.6 日元左右。当然，星巴克这样的大企业一般会大量采购，批发价应该比我看到的价格更便宜一些。

假设星巴克每年销售 10 亿杯咖啡，而其中有一半是热咖啡，需要纸板隔热层。那么，5 亿 ×6.6 日元 =33 亿日元。

仅仅是一个纸板隔热层，成本就达到 33 亿日元，是不是超出了您的想象？

可见，掌握了会计视角之后，我们以前不太注意的事情，现在也会变得非常具有冲击性。

所以，如果您在日常生活中发现了自己感兴趣的事情，不妨用会计的视角来分析一下。

尝试自己设计会计竞猜谜题

首先，您能读到这里，我要由衷地向您说一声"谢谢"。通过会计谜题竞猜，是否激发了您对会计知识的一点点兴趣？将会计知识和日常生活、工作联系起来，是否让您感受到一丝丝乐趣呢？

我想，很多已经对会计知识产生兴趣的朋友，看了这本书后一定觉得"不太解渴"，肯定还想多了解一些会计知识，还想再分析一些现实企业的会计报表。对于这样的朋友，我建议您可以尝试自己设计会计竞猜谜题。

当您阅读了一家企业的会计报表，并自己动脑筋设计了会计谜题后，您看待这家企业的视角就会更加接近企业的经营者，也更容易读取会计报表背后隐藏的信息。

下面就介绍一些设计会计谜题的方法和思路，供您参考。

第一步　寻找企业的会计报表

我们先从寻找企业的会计报表开始。当然，我们可以通过很多方法或途径获得企业的会计报表，这里我推荐两个方法。都是先找到企业的《有价证券报告书》。

（1）EDINET

只要是有义务公开《有价证券报告书》的企业，其《有价证券报告书》在日本金融厅运营的企业 IR 信息数据库里，都能找到。

（URL: http://disclosure.edinet-fsa.go.jp/）

（2）BUFFETT CODE

BUFFETT CODE 是一个可以对企业进行分析的网站。在这个网站我们可以通过搜索企业名称，检索到企业的众多信息，如股东构成、《有价证券报告书》等。该网站无须注册成为会员，就可以直接使用。

（URL: http://www.buffett-code.com/）

《有价证券报告书》的读法

《有价证券报告书》由三部分构成：第一部分是企业信息；第二部分是担保公司状况；第三部分是监查报告书。

我们在读《有价证券报告书》的时候，第一部分是必读的。

"第一部分 企业信息"一般由 7 章构成。

（1）公司的概况：刊载有企业的主要财务数值、事业内容、概要信息等。

（2）事业的状况：详细记录了企业所开展事业的具体情况。

（3）设备的状况：详细记录了企业设备的具体情况。

（4）提交公司的状况：详细记录了企业的股东、管理者等详细信息。

（5）财务状况：刊载了企业的会计报表。

（6）提交公司的股票概要：刊载了分红的基准日、股东优惠信息等。

（7）提交公司的参考信息：刊载了企业相关参考信息。

我想看企业的会计报表！有这种想法的朋友，建议先看"（5）

财务状况"。（5）里面刊载了我们学过的资产负债表、利润表和现金流量表。记得"（2）事业的状况"也要一起读。

因为阅读这一部分可以帮您加深对企业的理解。

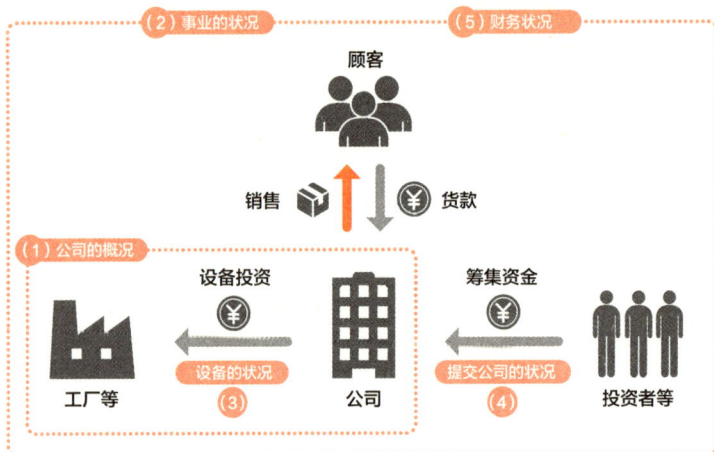

第二步　设计会计谜题

我们获得企业的会计报表之后，就可以着手设计会计谜题了。我一般用 Excel 来设计谜题，现在也把这种方法教给大家（我使用的是 2020 年 3 月当时最新的 Excel 版本，如果您使用其他版本 Excel 的话，操作上可能会有细微差别，请您注意）。

（1）把会计报表的数据输入 Excel

	A	B	C	D	E
2					
3		流动资产	100		
4		固定资产	200		
5					
6		流动负债		50	
7		固定负债		100	
8		所有者权益		150	
9					

（2）将数据转化为图表

将输入数据的全部范围选定（以前页数据为例，就选定 B3~
D8 的范围）。然后点击"插入"→"图表"→"条形图"→"百
分比堆积条形图"。

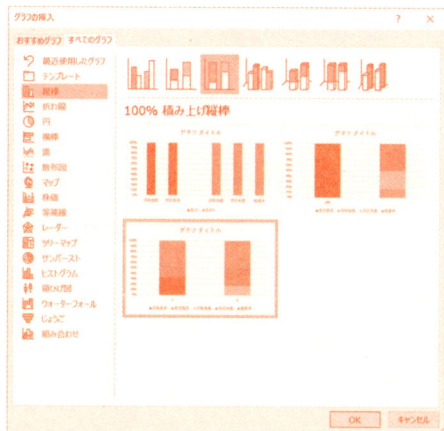

如果插入的图表显示不理想，可以点击"图表工具"→"切换行/列"
进行调整。

（3）调整图表的外观

右键单击制作好的条形图，选择"设置数据系列格式"。
在弹出的对话框中将"分类间距"设置为"0%"。

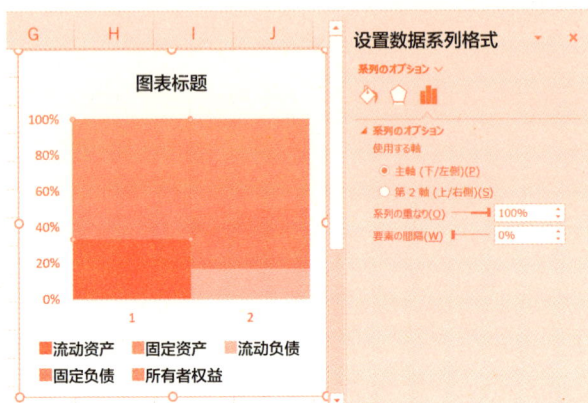

操作至此，一张具有既视感的图表就大体完成了。

（4）为图表内添加数字

左键选中制作好的图表，在"图表工具"中点击"添加图表元素"，在下拉菜单中选择"数据标签"，然后点击"居中"。

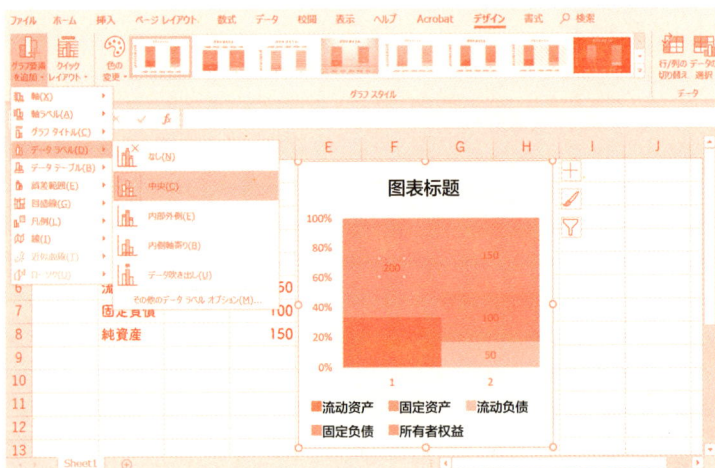

（5）给图表内添加项目名称

用右键单击刚才在图表中添加的数字，在弹出的对话框中选择"设置数据标签格式"。

勾选"系列名称"，输入"流动资产""固定资产"等项目名称即可。

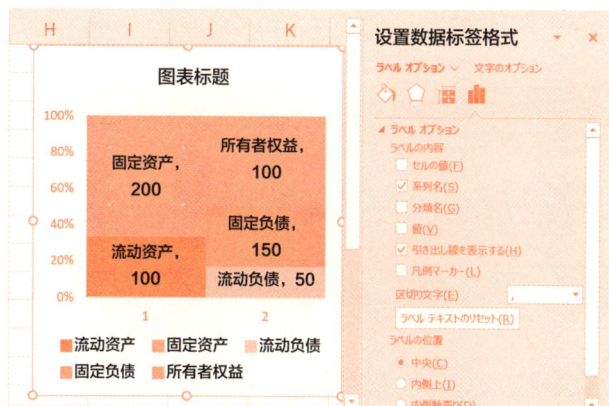

（6）调整数据的顺序

左键选中制作好的图表，在"图表工具"中点击"选择数据"，就可以调整各个项目的顺序了。

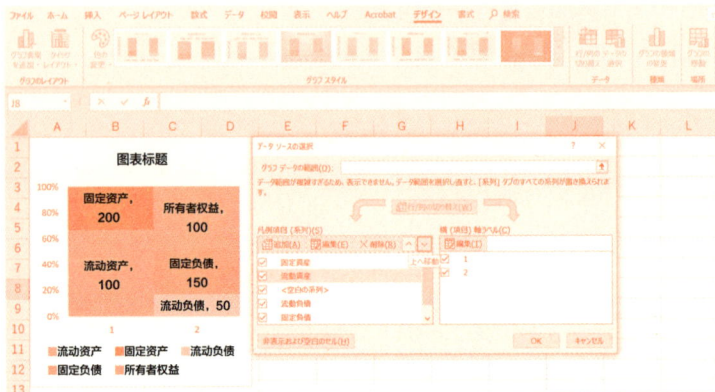

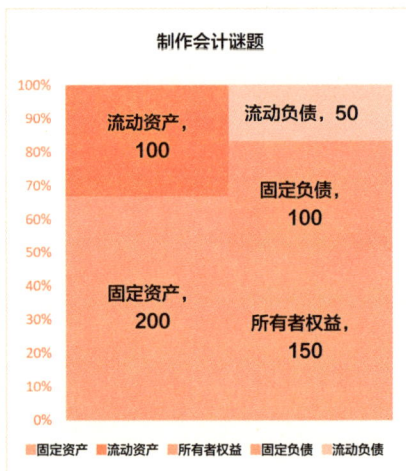

这样，设计会计谜题的图表就做好了。

按照同样的方法，可以制作多个企业的财务数据图表，以作为比较对象。把这些企业的图表排列在一起，一道会计谜题就设计好了。

第三步　发布会计谜题

会计谜题已经设计好了，就赶快发布出来吧。先给自己的朋友、同事、家人看，请他们猜答案。

这样做的好处，就是听取别人的意见，发现自己没有注意到的视角、关键点。这样，可以让我们更深一步地了解这些企业背后的信息。

把会计谜题发布在社交媒体上

Twitter 或 Instagram 等社交媒体可以上传图片，并带有投票的功能。把自己设计好的会计谜题发布在这些社交媒体上，网友就可以通过投票进行答题了。

另外，在我们的会计知识爱好者社区——"金融理财实验室"中，会员会定期自己设计会计谜题并发布在社区，大家相互交流讨论，气氛非常热烈。

大家也来试试吧，设计的谜题越多，说明您对会计知识的理解越深入。

【# 会计竞猜问题】

本周的竞猜谜题如下：

比较 10 年前后合并利润表的问题。
一家企业 2019 年和 10 年前相比，合并利润表中成本发生了很大的变化。这样的企业可能是现实中的哪一个呢？

选项：

● 电通（广告代理公司）

● ZOZO（服装）

● 罗森（便利店）

← 时间线

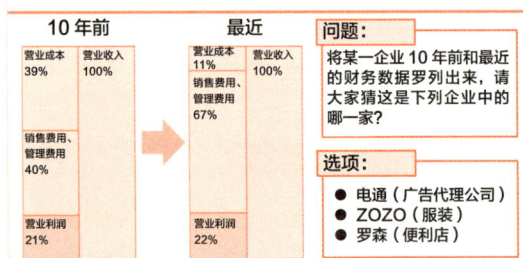

比较 10 年前后合并利润表的问题

10 年前	最近	问题：
营业成本 39% / 营业收入 100%	营业成本 11% / 销售费用、管理费用 67% / 营业收入 100%	将某一企业 10 年前和最近的财务数据罗列出来，请大家猜这是下列企业中的哪一家？
销售费用、管理费用 40%		选项：
营业利润 21%	营业利润 22%	● 电通（广告代理公司） ● ZOZO（服装） ● 罗森（便利店）

202

总结

出题的方法当然不止我介绍的这一种，大家可以多尝试，找到适合自己的方法。

要想磨炼解读会计报表的技术，"量的积累"尤为重要。但是，如果一开始就独自一人埋头苦读的话，恐怕对很多朋友来说门槛太高了。当然，只要用功的话，也能取得相应的成果，但过程一定会充满艰辛。

我提倡的会计谜题竞猜的形式，是和同道中人一起讨论、研究，这样的学习过程就会轻松很多。在猜谜的过程中，大家取长补短，通过讨论相互促进，从而更加深入地理解会计知识，也更容易看透企业背后的经营策略。

我一直把"会计知识"当作一种工具，探寻经济活动本质的工具。而且，在探寻的过程中，我体验到了无穷的乐趣。尤其是想到新问题或遇到新问题的时候，内心总会产生抑制不住的热情，以及想要解开谜题的冲动。

如果您想在 Twitter 或 Instagram 发布自己设计的谜题，记得添加"# 会计竞猜"的话题。我一定会找到您出的谜题，然后也参加到解题的队伍中来。

特别收录

会计竞猜

【制造业】负责不同制造工序的企业，资产负债表的形式也不同

○ 登场企业介绍

本次登场的企业有制造业的鸿海集团，以及因 iPhone、Mac 而闻名于世的 Apple 公司。

我估计绝大多数读者朋友都知道 Apple 公司的 iPhone，却没有多少人知道 iPhone 的具体制造过程。

另一家公司鸿海，则是按照其他公司设计好的图纸，制造、组装产品的企业。

Q 问题：
下面哪个是鸿海的利润表？

根据上面的介绍，我们大体可以知道，Apple 公司设计、销售 iPhone，而鸿海集团制造、组装以 iPhone 为首的各种电子产品。那么，下面的两个利润表中，哪一个是鸿海的？

哪个是鸿海的利润表?

选项（1）

营业成本　营业收入

销售、管理费用
营业利润

选项（2）

营业成本　营业收入

销售、管理费用
营业利润

○ 考虑两者的关系

大学生老弟：站在 Apple 公司的角度来看，因为是委托鸿海代工制造 iPhone，会不会在营业成本上有所体现呢？

销售小姐姐：反过来，站在鸿海的角度来看，从 Apple 公司获得的报酬，应该计入营业收入吧？

银行职员小明：嗯嗯，这么看来的话，比较两者的营业成本和营业收入，就比较容易区分了……

○ 思考成本率的差异

销售小姐姐：貌似选项（1）的营业成本所占比例更大一些……

职业投资人大壮：前段时间我在新闻中看到，iPhone 在亚马逊的销量很大，所以价格有所下调。同样的道理，鸿海接到大量 iPhone 代工订单，制造单价也应该有所下调吧？

销售小姐姐：原来如此！这样来看的话，两家公司的成本率都应该有所提高。

特别收录　会计竞猜

银行职员小明：对比营业利润的话，两家公司的差别也比较大。

大学生老弟：iPhone 比其他品牌手机的定价都要贵一些。

职业投资人大壮：iPhone 确实比其他手机贵。而且，再加上 AppleCare 这样的售后服务，总体价格就更高了。

银行职员小明：这样看来，Apple 公司的利润率应该更高。

大学生老弟：成本率低、利润率高的选项（２）应该是 Apple 公司，那么选项（１）就是鸿海！

大手町小熊哥：非常正确！选项（１）就是鸿海！

正确答案：选项（１）是鸿海。

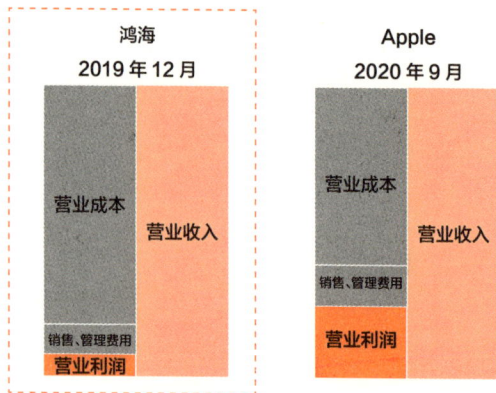

鸿海 2019 年 12 月	Apple 2020 年 9 月
营业成本 / 营业收入	营业成本 / 营业收入
销售、管理费用	销售、管理费用
营业利润	营业利润

○ iPhone 的制造过程

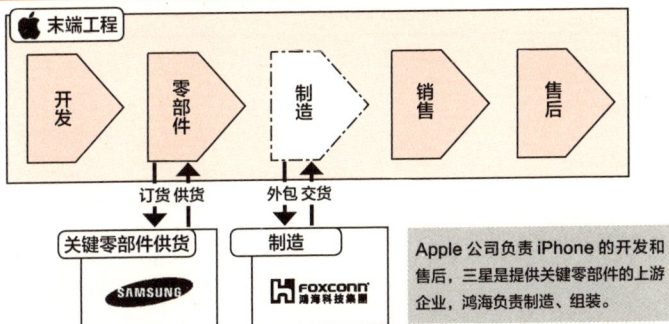

| 末端工程 | | | | |
| 开发 | 零部件 | 制造 | 销售 | 售后 |

订货 供货　　外包 交货

关键零部件供货
SAMSUNG

制造
FOXCONN 鸿海科技集团

Apple 公司负责 iPhone 的开发和售后，三星是提供关键零部件的上游企业，鸿海负责制造、组装。

○ 鸿海的商业模式

我们先来看鸿海的商业模式。

鸿海是一家专业做电子产品代工的 EMS 企业。

有很多企业只有设计开发和销售能力，没有制造的设备更没有制造能力，这样的企业开发出来的产品，就需要找鸿海这样的 EMS 企业来代工生产。鸿海代工的价格很低，但因为数量巨大，所以交易总额很大，利润额也相应很大。

○ 鸿海的商业模式和财务数值

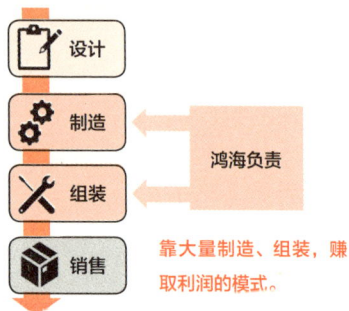

鸿海的商业模式和财务数值

鸿海的商业模式

设计

制造

组装

鸿海负责

销售

靠大量制造、组装，赚取利润的模式。

鸿海
2019 年 12 月

营业成本

营业收入

销售、管理费用
营业利润

○ Apple 的商业模式

Apple 公司则是一家研发新产品，负责销售、售后的公司。

近年来，在 Apple 公司的营业收入中，与研发新产品获得的营业收入相比，Apple store、iCloud 等带来的营业收入更多一些。

○ **Apple 公司的商业模式和财务数值**

Apple 公司的商业模式和财务数值

Apple 的商业模式

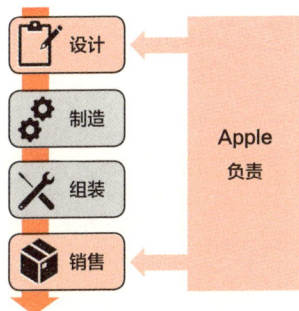

设计

制造

组装

销售

Apple
负责

Apple
2019 年 9 月

营业成本

营业收入

销售、管理费用

营业利润

在企业经营中有一个术语叫作微笑曲线。微笑曲线是指从商品的策划到提供给消费者的整个过程中，在价值链的不同位置所表现出来的收益性。在价值链上游和下游的收益性高，中间的收益性低。所以，整个收益性可以描绘出一条曲线，就像人微笑时嘴角上扬的曲线，所以取名叫微笑曲线。

○ **微笑曲线**

微笑曲线

价值链不同位置的收益也不同

会形成一条两头高中间低的曲线，像微笑的嘴角

故此得名微笑曲线

收益性

设计　制造　组装　销售

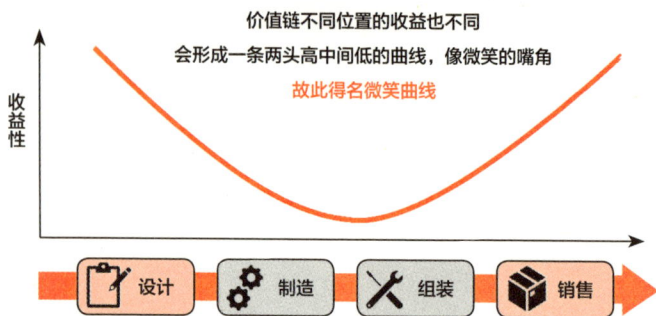

Apple 公司主要负责产品的设计开发、销售，这些都是收益性高的环节。

制造企业主要负责价值链中间制造、组装的环节。在如今的时代，随着机械技术的发展，自动化生产已经相当普及，再加上中国企业的低价战略，所以使制造、组装环节的收益性最低。

【电子商务】根据资产负债表看透电子商务企业的赚钱方式

○ 登场企业介绍

这次我们将对世界顶级电子商务企业阿里巴巴和亚马逊的资产负债表进行比较。

○ 哪一个是阿里巴巴的资产负债表?

请对比以下两个电子商务企业的资产负债表,判断哪一个是阿里巴巴的资产负债表。

哪个是阿里巴巴的资产负债表? →

选项（1）

现金等	营业债务等
	其他流动负债
	长期有息负债
营业债权等	其他固定负债
投资有价证券	
	净资产
无形资产	
有形固定资产	
其他固定资产	

选项（2）

现金等	营业债务等
营业债权等	
库存	其他流动负债
其他流动资产	
	长期有息负债
有形固定资产	
	其他固定负债
无形资产	净资产
其他固定资产	

○ 比较资产部分

销售小姐姐： 我认为应该先比较一下两家企业的资产部分，看起来资产内容的差别还是蛮大的。

银行职员小明： 选项（1）中投资有价证券、无形资产的比重较大，而选项（2）中有形固定资产非常显眼。

大学生老弟： 都是做电子商务网站的两家企业，为什么资产负债表会有这么大的差别呢？

职业投资人大壮： 阿里巴巴在网上提供一个电子商务平台，召集很多卖家在这个平台上销售自己的商品，而阿里巴巴收取交易手续费，因此应该不需要很大的资产。

销售小姐姐： 亚马逊是自己采购商品在自己的网站上销售。因为自己有库存商品，公司就需要配置仓库、物流设备等固定资产，所以有形固定资产应该比较大。

○ 比较净资产的大小

职业投资人大壮： 我曾听说，与利润相比亚马逊更重视现金。直到最近似乎都没什么利润。

销售小姐姐： 这样看来的话，亚马逊的净资产应该不会太多。

银行职员小明： 我印象中阿里巴巴的收益性更高，赚取了很多利润。而且，阿里巴巴的商务网站也是商城型的，似乎不需要太大的投资额。

大学生老弟： 原来如此！那么我觉得选项（1）应该是阿里巴巴。

大手町小熊哥：没错！选项（1）就是阿里巴巴的资产负债表。

阿里巴巴
2020 年 3 月

现金等	营业债务等
	其他流动负债
营业债权等	长期有息负债
	其他固定负债
投资有价证券	
	净资产
无形资产	
有形固定资产	
其他固定资产	

正确答案：选项（1）是阿里巴巴。

亚马逊
2019 年 12 月

现金等	营业债务等
营业债权等	
库存	其他流动负债
其他流动资产	
	长期有息负债
有形固定资产	
	其他固定负债
无形资产	净资产
其他固定资产	

比较两者的营业收入我们可以发现，亚马逊的营业收入远高于阿里巴巴。但是，对比两者的主业——电子商务的"流通总额"，阿里巴巴则是亚马逊的两倍以上。

其实，背后的原因就来自两者经营模式的差异。

○ 两者的数值对比

两者的数值对比

两者的营业总收入（10 亿美元）

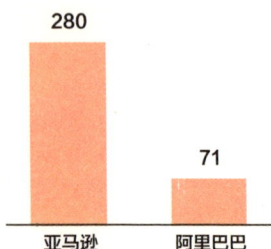

280
亚马逊

71
阿里巴巴

两者电子商务业务的流通总额（10 亿美元）

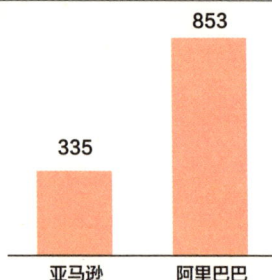

853
阿里巴巴

335
亚马逊

营业收入亚马逊更高，电子商务业务的流通总额却是阿里巴巴占绝对优势

* 根据 2019 年度两家公司的财务资料以及 marketplacepulse.com 的信息制作而成

　　我们先来看亚马逊的商务模式。

　　亚马逊自家采购商品，要承担库存的风险，它属于直销型的电子商务模式。

○ 亚马逊的主要商业模式

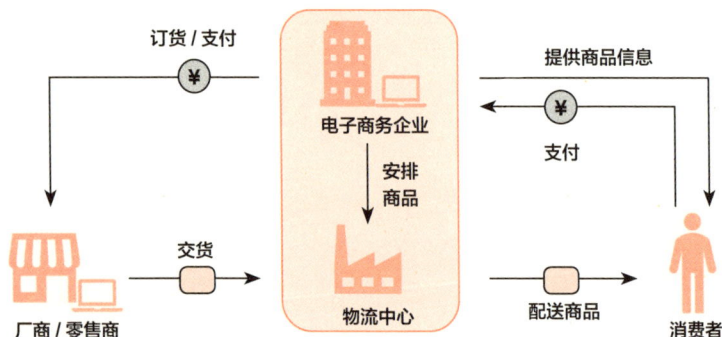

亚马逊的主要商业模式

订货 / 支付
¥

电子商务企业

安排
商品

提供商品信息

支付
¥

厂商 / 零售商

交货

物流中心

配送商品

消费者

自己承担库存风险的直销型电子商务模式

像亚马逊这样的商业模式需要大量采购商品，因此资产负债表中库存和营业负债占比较大。另外，还要对物流、设备进行相当大的投资，所以有形固定资产的比例较大，对有形固定资产进行投资而产生的有息负债比例也比较大。

○ 亚马逊的资产负债表

亚马逊的资产负债表

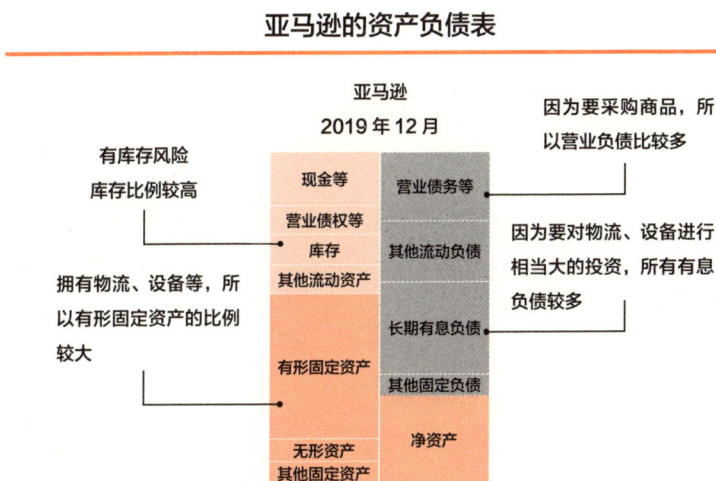

亚马逊
2019 年 12 月

有库存风险
库存比例较高

因为要采购商品，所以营业负债比较多

拥有物流、设备等，所以有形固定资产的比例较大

因为要对物流、设备进行相当大的投资，所有有息负债较多

现金等	营业债务等
营业债权等	其他流动负债
库存	
其他流动资产	
有形固定资产	长期有息负债
	其他固定负债
无形资产	净资产
其他固定资产	

另一方面，阿里巴巴的商业模式是提供一个线上交易平台，收取卖家手续费，因此属于平台型电子商务模式。

○ 阿里巴巴的商业模式

阿里巴巴的商业模式

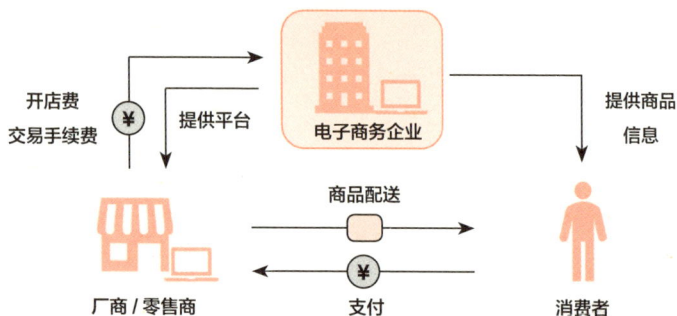

开店费
交易手续费 ¥ 提供平台 **电子商务企业** 提供商品信息

商品配送

厂商/零售商 ¥ 支付 消费者

提供线上交易平台的电子商务模式

阿里巴巴不用自己采购商品，没有库存风险，因此与经营活动相关的会计科目（库存、营业负债等）比例并不大。而且，这是一种利润率非常高的商业模式，所以，随着每年利润的积累，净资产比例非常高。

○ 阿里巴巴的资产负债表

阿里巴巴的资产负债表

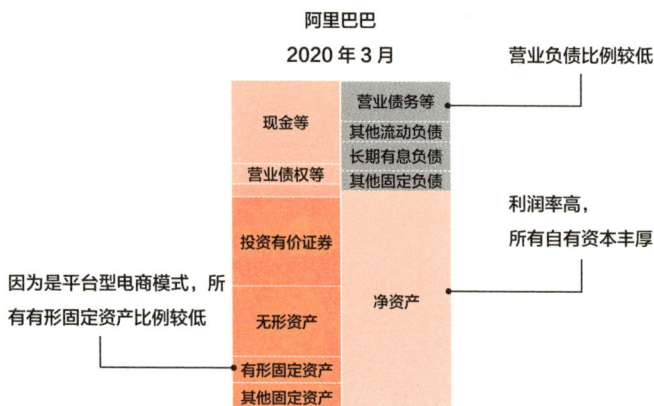

阿里巴巴
2020 年 3 月

营业负债比例较低

现金等

营业债务等
其他流动负债
长期有息负债
其他固定负债

营业债权等

投资有价证券

利润率高，
所有自有资本丰厚

因为是平台型电商模式，所有有形固定资产比例较低

无形资产

净资产

有形固定资产
其他固定资产

两家电子商务企业因为商业模式的不同，计入资产负债表的营业收入金额也大不相同。亚马逊自己采购商品直接销售，所以销售金额的全额都计入营业收入。另一方面，阿里巴巴以收取交易手续费为主，所以只有一部分销售金额计入营业收入。

○ 营业收入计入金额的差异

营业收入计入金额的差异

平台型	直销型
网店销售 → 交易价格的 **5%**	网店销售 → 交易价格的 **全额**
收取手续费为主	**商品销售收入**为主

因为商业模式不同，计入营业收入的金额也不同

结果，尽管从流通量上来看，阿里巴巴占压倒性的优势，但亚马逊的营业收入却要高出很多。

○ 两者数值的比较

两者的数值对比

两者的营业总收入（10亿美元）

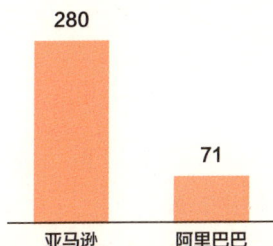

- 亚马逊 280
- 阿里巴巴 71

两者电子商务业务的流通总额（10亿美元）

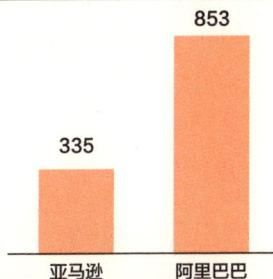

- 亚马逊 335
- 阿里巴巴 853

营业收入亚马逊更高，电子商务业务的流通总额却是阿里巴巴占绝对优势

* 根据 2019 年度两家公司的财务资料以及 marketplacepulse.com 的信息制作而成

致谢一直支持会计竞猜和未来可能
参加会计竞猜的朋友们

"创造一个让所有人都能读得懂会计报表的世界"是我长久以来的理想。为了实现这个愿景，我一直运营着"会计谜题竞猜"活动。但我初创这一活动的时候，目标对象并不是"所有人"，而是已经取得会计资格证或考取注册会计师的朋友。

之前也讲过，我刚考取注册会计师资格的时候，对于会计报表，基本上是完全读不懂的状态。由己及人，我想肯定有很多像我一样，虽然考过了注册会计师考试，但依然读不懂会计报表的人。他们的烦恼我能够感同身受。

出于这样的原因，一开始我设计的会计竞猜谜题多是"财务指标的比较问题""时间顺序的财务数值变化问题"等，需要具有一定会计基础的人才能回答出来的题。

但是，随着时间的推移，我发现一个现象——不同职业、经验、知识背景的人，对会计报表的解读方法是不一样的。这个现象给我带来了一个启发，那就是：为什么不让更多的人参与到会计谜题竞猜中来呢？

如果只有那些拥有会计资格证或注册会计师资格的朋友参加猜谜的话，他们回答的根据、套路、结论都会非常相似。就学习会计知识而言，我认为这样的情况无法将"会计谜题竞猜"的力量发挥到最大限度。

于是，我把猜谜的对象由"有会计基础的人"扩大到了"所有人"。

可是，当我扩大猜谜对象的范围之后，我发现设计问题的难度超出了我的想象，各种各样的困难朝我扑面而来。其中，最大的一个困难就是很多一点会计知识都没有的读者，也来猜谜了。

有的朋友对会计知识一无所知，而有的朋友已经取得了注册会计师资格证，两者竞猜同样的问题，如何才能让大家都能学到知识、有所收获呢？作为出题人，这是困扰我很长时间的一个问题。

经过长时间的冥思苦想，我终于想到了可以解决这个烦恼的方法。就是在 Twitter 等社交媒体上发布"会计竞猜谜题"。

首先，我把实际企业的会计报表的数值进行抽象化和简化。这样一来，没有会计知识的朋友也可以通过直观比较，参与竞猜。

实际效果显示，没有会计知识的朋友也愿意参加我的谜题竞猜，因为他们不用思考太多因素，仅仅通过图表的比较，也能给出直观的答案。另外，对有会计基础的老手来说，我出的题目中，给出的数据比较简化，要想用如此简化的数据进行判断，还是需要考虑很多因素的。所以，对老手来说，简化的数据反而比较有难度。结果，这样的出题方式就抹平了不同水平参与者的能力差，从而让更多的朋友愿意参与进来。

另外，当我把简化的会计竞猜谜题发布在 Twitter 这种可以自由发言的平台上，来自全世界各种背景的朋友都可以参与竞猜。经常是一道题会在一瞬间收集到超过 1000 人的观点和意见。

社交媒体的好处就在于，参与者的发言，可以让所有人都看见，大家可以互相交流、学习。这样一来，大家可以看见别人的见解、不同于自己的视角，从而起到了取长补短的作用。这对学习来说，无疑比一个人闷头苦读、闭门造车要强得多。

作为出题者的我，在发布竞猜谜题之前，肯定已经准备好了答案和解说。可是，当我看到网友的留言时，经常能发现比我更加准确、犀利的视角和意见。这样的反馈，对我来说也是一个难得的学习机会。

通过社交媒体上的会计谜题竞猜活动，让我收集到了各种各样的观点和意见，其实，这就是我当初创办这个活动的个人目的之一 ——"收集不同背景的各种网友的观点"。但除此之外，更让我感到欣喜的是，有越来越多的朋友通过会计谜题竞猜爱上了会计知识，有一些跟会计毫无关系的朋友也开始学习会计知识了。还有一些报考注册会计师资格屡次失败的朋友，也重新燃起了挑战的激情。这些，都让我感到了自己创办这个活动的价值。能够帮助别人，就是我人生最大的幸福。

再有，通过举办会计谜题竞猜的活动，让我遇到了平时可能一辈子都不可能有交集的好朋友。一开始，我只是抱着收集数据、自我钻研的目的创办了会计谜题竞猜活动。可是，因为遇到了数不清的好朋友，让我坚定了继续办下去的决心，也让我体会到了帮助别人比实现个人目的更加强大的成就感和幸福感。

每次看到朋友们在社交媒体上的留言："这一期的题也很有意思""期待下周的竞猜时间快点到来"等等，都让我感动到热泪盈眶！

会计谜题竞猜活动，如果只有出题者，还无法形成一个完整的互动活动。只有当数不清的网友参与进来之后，这个活动才真正具有了意义。本次把会计谜题竞猜活动编写成书的时候，我最重视的问题就是："如何把会计谜题竞猜的价值观传递给大家。"经过深思熟虑，我得出的答案是：让各种不同背景的人通过分析、讨论，最终得出答案，在这个过程中，让读者学到解读财务报表的技能。

通过这本书第一次了解到"会计谜题竞猜"活动的朋友，以及对会计知识感兴趣的朋友、想学习深度解读企业会计报表的朋友，以后，每周日晚上9点都可以到"大手町的随机漫步者"的 Twitter 来，实时参与我最新发布的会计谜题竞猜活动。您的参与，将是我最大的荣幸！

本书的策划、制作，受到了多方朋友的协助和关爱。最后，借用一点篇幅，对这些好朋友表示由衷的谢意。他们是，KADOKAWA 的编辑黑田老师、插画画家大明白老师、细山田设计事务所的柏仓老师、来自鸥来堂和文字工坊灿光的校对老师们、负责文字版式的森林老师、负责图片版式的冲元老师、每天和我切磋琢磨 BUFFETT CODE 的各位老师、TRACE 公司的各位老师、在 Twitter 上参与会计谜题竞猜的各位朋友，以及我参与的最好的社群——金融理财实验室的各位朋友，在此，请收下我的感恩之心！你们辛苦啦！

大手町的随机漫步者

设计你的会计竞猜谜题

KAIKEI QUIZ WO TOKU DAKE DE ZAIMU 3 PYO GA WAKARU
SEKAIICHI TANOSHII KESSANSHO NO YOMIKATA
© OTE_WALK 2020
First published in Japan in 2020 by KADOKAWA CORPORATION, Tokyo. Simplified
Chinese translation rights arranged with KADOKAWA CORPORATION, Tokyo through
JAPAN UNI AGENCY, INC., Tokyo.

著作权合同登记号：图字18-2021-63

图书在版编目（CIP）数据

一本书轻松读懂财报/（日）大手町的随机漫步者著；郭勇译.--长沙：湖南科学技术出版社，2021.9
　　IBSN 978-7-5710-1168-0

Ⅰ.①一… Ⅱ.①大…②郭… Ⅲ.①会计报表—会计分析 Ⅳ.①F231.5

中国版本图书馆CIP数据核字（2021）第173231号

上架建议：商业·成功励志

YI BEN SHU QINGSONG DUDONG CAIBAO
一本书轻松读懂财报

作　　者：[日]大手町的随机漫步者
译　　者：郭　勇
出 版 人：张旭东
责任编辑：刘　竞
监　　制：邢越超
策划编辑：李彩萍
特约编辑：王　屿
版权支持：金　哲
营销支持：文刀刀　周　茜
版式设计：梁秋晨
封面设计：主语设计
出　　版：湖南科学技术出版社
　　　　　（湖南省长沙市湘雅路276号　邮编：410008）
网　　址：www.hnstp.com
印　　刷：三河市中晟雅豪印务有限公司
经　　销：新华书店
开　　本：880mm×1270mm　1/32
字　　数：198千字
印　　张：8
版　　次：2021年9月第1版
印　　次：2021年9月第1次印刷
书　　号：ISBN 978-7-5710-1168-0
定　　价：49.80元

若有质量问题，请致电质量监督电话：010-59096394
团购电话：010-59320018